U0134791

人間值得

一個百歲醫生的人生智慧
生命每個時期都是年輕的

格拉迪絲·麥加莉醫師 Gladys McGarey———著

廖建容———譯

The
Well-Lived
Life

A 102-Year-Old Doctor's Six Secrets
to Health and Happiness at Every Age

献給我摯愛的五代同堂家人，也献給你。

你來到這世上，是有原因的，

但願書中的文字可以幫助你，

療癒你的身心，引導你的靈魂。

目
次

在將近八十年的行醫和百年的歲月中，我曾與數千人共事。我把當中許多人的故事，放進這本書裡，按照我的記憶盡可能如實地記錄下來。為了保護個人隱私，我用了化名，更動了細節，有時把好幾個人的經驗綜合起來，寫成一個故事。但我絲毫沒更動的是，我從他們身上看到的靈性轉化，以及他們對我的靈性旅程產生的深遠影響。

時常閱讀這本書，
重拾你對生活的勇氣

馬克・海曼（Mark Hyman）

第一次見到麥加莉醫師時，我就深刻感受到她的溫暖與親切。而且我發現這份感動並非我獨有，許多人都被她的魅力所吸引。她不僅是睿智的長者，更是這個時代不可多得的身心靈療癒者。雖是初識，但你卻能感受到她對你的處境有深刻理解，不論你的喜悅或悲傷，還是一直以來難以逃脫的掙扎，或是逝去的光輝時刻，她都能和你相應。

長久以來，麥加莉醫師被公認為「整合醫學之母」。聽她說話，你可以馬上感受到她全身散發出來的溫暖性情與幽默聰慧。現在，閱讀這本書，就像見到她本人一樣，你也可以感受到她的明朗溫厚。

這是她第一本寫給大眾的書，可說花了百年醞釀，她把人間智慧煉成語言，當你讀完，你會明白等待是值得的。

麥加莉醫師是影響全球醫療領域的先驅，翻轉了我們對健康和治療的定義，許多醫師都深受她的啟發。她在這本書中提供的健康百歲祕訣，既簡單又創新，不管你現在幾歲，都能從中找回真正的健康與幸福。生命之鑰，一直在你手中。

她在醫療領域工作已將近八十年，如果把她年少時協助父母在印度進行醫療宣教，所受的非正式訓練算在內，時間就更久了；她的父母曾遠赴印度，照顧當地處於社會地位最底層也最弱勢的病人。

許多人稱麥加莉醫師是「整合醫學之母」（雖然現在稱她為「祖母」或「曾祖母」似乎更恰當），她在二戰期間受訓成為醫師，在當時性別歧視非常普遍的醫學界，打破世俗框架，成為一位女性先驅。

1978 年，她與幾位志同道合的醫師共同成立美國整合醫學會〔American Holistic Medical Association，2014 年更名為「整合健康醫學院」（Academy of Integrative Health and Medicine，簡稱 AIHM）〕，是學會創始人中唯一的女性。AIHM 是當今國際上全人照護領域的領導機構。

對於尋找有效的替代療法，麥加莉醫師始終保持開放的心態，以及旺盛的好奇心。她熱切地從西方、東方與原住民文化中，學習各種治療方法，整合應用在病患的治療。有許許多多的醫師後來跟隨她的腳步，投入全人整合醫學領域。早在

1960、1970 年代,她就倡導在家安全分娩。她也是最早鼓吹在對抗療法中建立正確營養觀念的先驅。她很早就意識到,我們吃的食物會影響身體的每個細胞;這個觀念徹底改變後來的醫師養成訓練。她相信,疾病可以幫助一個人成長,對自己的生活與靈性產生新的洞察,這個觀點至今在醫學界仍屬於激進的看法。

不管你是病患或醫療從業者,抑或單純只是渴望擁有更豐富、更幸福的人生,這本書都是經典之作。時常閱讀,可以幫助你對生活保持熱情與希望。

麥加莉醫師在書中,既探討心靈的傷痛,也關注身體的疼痛,更深入探索疾病與健康的根源,帶你擺脫長久以來困住你的不安,實現真正的幸福。她倡導心靈與身體並重的治療。她認為,每個人一生中難以避免都會遭遇大大小小的挑戰、痛苦與疾病,轉化你跟這些痛苦的關係,就能夠擁有真正的健康,深刻體會前所未有的喜樂與滿足。

如何盡情體驗生命,不留遺憾?又該如何健康到老?透過這本書,麥加莉醫師分享她的領悟:好好生活,也讓別人好好生活,歡笑帶來長壽,別讓任何事使你苦惱,生命是不斷演變的過程,那些幫助你健康長壽的事物,也讓人生不虛此行。

這世界常要我們對抗老化,麥加莉醫師認為,歲月流逝無可避免,但隨著你一步步了解並實現活著的真正目的,將獲得

更多元的喜樂與更深刻的滿足感。健康百歲的祕訣，不在如何避免死亡，而是學會坦率接受每一天。當最終來到生命盡頭，對自己是否確實好好過這一生，你會了然於胸。

麥加莉醫師以她的個人故事與患者的故事，淬鍊出六個啟迪人心的人生祕訣。她的患者得到的不只是疾病的醫治，還有生命的療癒。

在這本書裡，你會看到百歲醫師麥加莉多年來累積的智慧精華。她這一生已不虛此行，但別忘了，她的人生旅程還在進行中。實際上，比起許多只有她一半歲數的人，她的生活更為活躍，她甚至還有個十年計畫在進行。在邁入 102 歲之際，就像她發出的豪語，她的人生才剛開始！

（本文作者為美國功能醫學研究院院長、自然醫學的領袖人物）

前言

回頭看人生，你好好活過嗎？

　　2023 年，我邁入 102 歲。身為百歲醫生，常有人問我，健康、長壽又快樂的祕訣是什麼。慢跑嗎？練皮拉提斯嗎？這個年紀還可以享用蛋糕嗎？我不慢跑，偶爾練皮拉提斯，還有是的我吃蛋糕，實際上是很愛吃蛋糕。慶祝 95 歲生日時，我甚至從一個大蛋糕裡跳出來。

　　行醫至今已將近八十年，我曾治療過許多病人。有些人因過於急切想要找到最完美的飲食方式，把自己搞到生病；還有些人太過害怕死亡，幾乎放棄了好好活著。幾乎所有人都希望我能告訴他們，果昔裡應該加些什麼，才可以讓他們青春不老或長命百歲。

　　遺憾的是，即使我在這個世上活了超過百年，還未曾看過有哪個祕方可保證讓你長生不老，至少不是你能放進果汁機的

那種祕方。

　　但我可以分享給你的是如何擁有真正的健康與快樂。這個祕訣跟需要補充哪種維他命或是營養補充品無關，不管你現在幾歲，只需要改變觀點就能做到。

　　在行醫的數十年中，我漸漸領悟到，醫學（以及生命）的意義跟醫學院裡教我的很不一樣。大多數人都認為，醫學的作用是讓那些使人生病的種種因素不再作怪，藉此促進身體健康。但我認為，醫學更重要的意義應該是創造適切的健康環境（身體），讓人得以實現活著的目的。

　　每個人來到這個世界，都有其獨特使命。在我看來，真正的健康，跟是否被診斷出罹患疾病或能延長壽命無關，而是能否解答「我是誰」、能否覺察上天對我要如何成長與改變的召喚，以及能否傾聽是什麼促使我心歡唱。

　　這也是我的人生哲學，我深信我們每個人都是更大整體的一部分。就像身體的所有細胞同心協力使我們的生命能維持下去，世上所有的生物齊心協力，創造出我們居住的這個世界。因此，每個人都既獨特又重要。

　　想要對疾病與療癒（以及生命本身），有更全面、更完整的看法，就需要了解健康的運作機制；真相可能跟醫療體系提倡的相反。醫生無法治癒病人，只有病人能治癒自己。身為醫生，我們非常關心病患，把愛注入工作之中，這是醫生在這個

世界的神聖角色。醫生能做的，是應用他的能力、知識與巧思醫治患者。但歸結到底，即使醫術最精湛的醫生都知道，真正的療癒來自內在。

聽到醫生自己坦承這件事，或許令你感到詫異。但我對於健康的另類觀點一點也不陌生。我的父母都是骨療醫生，母親是最早取得骨療醫學學位的女性之一，父親同時擁有骨療醫學和醫學博士學位。我在印度長大，人生體驗比醫學院的大多數同學更多元豐富。從 1950 年代開始，我與同為醫師的丈夫比爾（Bill McGarey）一起研究與探討當時最前衛的觀念：我們是擁有人性體驗的靈魂，每個人的某個部分都與他人有所連結，我們來到這個世界是為了實現個人與集體的成長與療癒的使命。1978 年，比爾與我以及一小群人創立了美國整合醫學學會，目標是把整合性的理解（統合身、心、靈的認知）帶進現代西方醫學領域。直到現在，我依然投身於那個使命。

首先要釐清的是，整合醫學（holistic medicine）不一定是所謂的替代醫學；整合醫學結合各種治療形態，包括對抗療法，也就是許多人認知的現代醫學或西方醫學。

「整合醫學」一詞指的不是策略，而是做法，治療的是病患全人，而不只是疾病。重點是把每個人視為完整而複雜的個體，擁有獨特的身、心、靈屬性，以及一系列的人生目標。「整合」（holistic）一詞結合了「整體」（whole）與「神聖」

（holy），不帶有宗教意涵，而是徹底尊重每個人的完整性，並把身體視為工具，用來協助一個人實現活著的目的。疾病與症狀（從單純的疼痛到轉移性癌症）也是這完美設計的一部分。疾病與症狀不僅顯示身體哪裡受傷，也在告訴我們內在需要修復的地方。

這就是為什麼當有人因為頭痛來求診時，我可能會問他昨晚做了什麼夢；或者當有人因為慢性病來看診時，我可能會把診療時間用來探討她的童年經驗。許多患者來到我的診間，述說的不只是他們的生理狀況，還有他們的情緒和靈性困惑。每個人都是一個複雜的生態系統，當中包含了思緒、感覺、信念和感官感受，這些都會影響身體狀況。我不僅關注解除患者的症狀，也會協助他們了解自己的靈魂正在經歷的旅程，然後以不同的角度看待當下的病痛。

生命中的各種挑戰以不同的形式告訴我們，必須在哪些方面做出改變。痛苦就是一種強烈的警訊，促使我們關注自己的狀況。它大聲呼喚，「醒醒！注意！你該做些什麼！」當然，每個人都會盡力避免痛苦，但如果我們能用好奇心看待自己的痛苦，並思考能從中學習什麼，它就會有新的意義。這個道理適用於任何形式的痛苦，無論是生理的、心理的還是靈性的。

整合醫學認為，想法會影響身體，這讓有些人擔心，我們在暗示患者，他們的病痛是自己造成的。整合醫學還主張，我

們可以從痛苦學到教訓，於是有人解讀成受苦是應該的。我理解人們對整合醫學可能產生種種誤解，所以在此澄清：我並不鼓勵你承受苦難而不作為，或暗示受苦是應該的；我也不是說，光是改變觀點就能治癒病痛。如果骨折，你可能會需要動手術把骨骼復位；如果社會發生重大問題，就可能需要進行大規模變革。在我們照顧身體與面臨社會動盪時，無可避免都會承受某種程度的痛苦，既然如此，不妨讓痛苦引導我們前進。

我們的福祉多寡與面對的挑戰確實有關，但我們不需要完全受制於所遭遇的挑戰。有些人儘管罹患疾病，承受巨大痛苦，卻依然保持喜樂，並心繫他們的人生使命。也有些人身體毫無病痛，卻一心想著結束自己的生命。健康不只是擁有毫無病痛的身體，就像幸福不只是過著毫無問題的人生。

真正的健康與幸福，是你能和自己的生命動力緊密連結，自在的完全融入周遭環境，如魚得水。

真正的健康不僅是生理上的狀況，更是積極參與投入周遭世界的一種態度。你要找回你的生命動力，並願意與渴望跟世界分享你的天賦。你想要這麼做的意願，讓你找到活著的目的，讓你的靈魂在任何境遇中都能保持健康。

透過這本書，我將引導你，找到與啟動可以受用一生的自癒力與學習能力，幫助你每一天都活得很值得。我會與你分享六個重要祕訣，在我所謂「轉向生命」（turning toward life）的

過程中，助你一臂之力。不過，最後要為這個過程負責的，是你自己。你的人生是你在過，只有你能療癒你的生命。能否維持健康與活力，能否實現目標、過得幸福，取決於你與自己的「醫病關係」，你要仔細聆聽什麼能帶來喜樂，找出自己最需要的，然後為自己開處方，重拾生活的熱情。

假如要將我的畢生志業和寫作這本書的目的，濃縮成一段話，那就是幫你找到生命動力，引導你的能量全心投入周遭世界，每一刻都活得暢快淋漓。書中觀點可能會改變你前進的方向，讓你更勇敢面對生命中的每件事，更投入其中。你或許心想：我已投入我的人生了！畢竟，我的人生是我在過！不過，我指的是，每一次呼吸、每一個時刻，都充滿喜樂、全心投入的參與其中。我說的是與生命共舞，找到希望與熱情所在，無論生命中出現什麼阻礙，仍然盡情地把這支舞跳下去。這樣當你遭遇困境時，步履就不會變沉重，困境反而會激發你的好奇心，甚至促使你更投入生命。即使深陷挑戰，仍能心懷感恩。

在書中，我會引介一些令人驚嘆的患者故事，我很榮幸可以幫助他們更深刻連結自己活著的目的、更徹底的擁抱生命中的喜樂，學習接受愛與關懷（有時來自最意想不到的地方）。在某些例子中，治癒之路看似充滿奇蹟，但其實那些奇蹟的背後都有科學根據，他們都與自己內在的生命能量有了連結。

你會發現，他們每個人都積極參與了自己的治療過程。他

們自願改變觀點，驅動內在的生命動力。過程中，我用愛幫助他們面對挑戰。有些人的身體病痛痊癒了，有些人學會接納自己的慢性病，有些人後來過世了，還有些人成為百歲人瑞。他們所有人都與靈性健康更靠近，與自己活著的理由重新連結，而且過得很幸福。

除了在執業期間見證的案例，我也會分享一些診療室外的故事。我的人生路徑與一般人不同，我曾經周遊世界，而且我的人生夠長，足以遇到一些精采的故事。從成為母親、祖母、曾祖母，甚至是曾曾祖母的角色中，我體悟到的意義不亞於我從行醫中得到的。因此書中也涵蓋我的個人故事。

即便已年過百歲，我每一天仍會學到一點新東西，還有機會實踐我宣揚的觀念。我這一生非常幸運，能受到一群傑出人士的影響，包括我的父母：約翰・泰勒（John Taylor）醫師與貝絲・泰勒（Magdelene Elizabeth "Beth" Siehl Taylor）醫師，他們是骨療領域的先驅，也是堅持信仰的人。他們在一戰與二戰之間，在印度行醫，治療一群被當地社會忽略的人，同時養育我和我的四個手足，書中會提到我的哥哥卡爾醫師和我的姊姊瑪格麗特，他們以喜樂面對生命，直到人生最後一刻。你也會看到我的姑姑貝拉與瑪麗，兩位意志堅定的女性，還有我深愛的保母阿亞（Ayah），以及阿亞的丈夫達爾（Dar），是我們家的廚子，他們夫妻也是我的家人。你還會讀到幾位具開創精神

的知名人物，我和他們在因緣際會下有了交集。

在閱讀書中人物的故事時，希望你也能從中為自己的人生找到更多意義。我希望能幫助你探索，你當下的處境，使你了解自己獨一無二的身體與靈魂，並開始掌管自己的生命與療癒之路。我曾醫治過數千人，沒有任何一個人的情況跟別人一模一樣。你可以為自己的人生開路，你的靈魂正在展開一個神聖的任務，住在你那獨一無二且聰明的身體裡，唯有你能引導那個過程。

透過這些故事，你可以親自體悟關於如何擁有真正的健康與幸福的六個祕訣。過去，我的理念經常超越大眾能夠接受的範圍，如今，科學進展已經證實了它們的價值！我一直相信，擁抱科學是很重要的事，因為科學提供了清晰、具體的方法，讓我們能夠理解這個世界。我支持科學，因為我很愛問問題，喜歡深入挖掘，了解事物的道理。愛提問也代表我能理解有很多事情是科學目前無法解釋的。問問題永遠是值得的，即使我們暫時還不知道答案。

我也會透過一些簡單的練習，幫助你將這六個祕訣深植在你的內心和身體裡。每個祕訣都包含一個小冥想練習，建議你用自己覺得合適的方式進行，不管是散步的時候、用紙和筆，或是任何你想採用的方式都可以。這些練習不是萬靈丹，比較像是我母親說的「有什麼就用什麼」，意即善用我們擁有的。

那些練習也絕對不是作業，因為我從小到大都很討厭寫作業！那些練習是小小實踐，能啟發你用完整的新觀點，來思考該如何把餘生過值得。

我期盼如果你練習得夠勤快，就會慢慢變成日常生活中的習慣。你可以按照需求調整練習，如果你只從本書學習到一樣東西，我希望那樣東西，是你有充分的能力引導自己的健康與療癒過程，以及隨時滋養你的生命與學習。我相信，光是談論觀念是不夠的，還需要實踐，我們需要用身體感受這些觀念，使它們成為真實。因此，當你思考這些主題時，我會提供簡單的方法，讓你實踐這些主題，透過身體力行來感受。

當你拿起這本書，你就已踏上一個新旅程，與你的靈魂連線，與你的使命連結。但沒有人能靠自己一個人辦到，尤其不是現在。

在我們一生中，許多人會問自己一些深刻且迫切的問題：我是誰？為何在此？我的時間如何運用？用來做什麼？與誰同行？在生命的盡頭，什麼會讓我覺得不枉此生？現今世界充滿了不確定性，如何解開這些問題也因此顯得更加迫切。

希望你能汲取內心深處的智慧，不急著回答這些問題，而是好好享受與它們來來回回的互動。我希望幫助你看見，當你與你的真理連結，你可以做到什麼事，無論別人怎麼說。

在我開始之前，我想分享一個故事。

1930 年初，我跟家人搭上從德里前往孟買的火車。年幼的我心裡很難過，因為我們要回美國了，回去之後，就必須穿著燙得平整的洋裝，必須恭敬有禮，遵守許多規矩，這些都是個性自由奔放的我難以忍受的。離開學校也讓我非常傷心，因為我好不容易遇到我很喜歡的老師。父母向我保證，我們很快就會回到印度。他們難得有一段假期，決定帶著家人回堪薩斯州的老家。我們並不知道一回到美國，就會遇上經濟大蕭條，因此被迫留在堪薩斯州超過兩年。那時我才 9 歲，完全無法理解這些事情。我只知道自己就要離開印度，向阿亞和達爾道別，前往遙遠的國度。

我把臉靠在窗邊，窗外景象掠過眼前。接著，火車開始減速。我看到有一群遊行隊伍在鐵軌旁不斷地向前行。隊伍中的女性穿著她們最體面的衣服，而孩子們則是一邊跳舞、一邊灑花。看到此景象，坐在最前面頭等車廂內的人，都端正坐著，彷彿什麼事也沒發生。但在我們乘坐的三等車廂，有些人索性從窗子爬出去，加入遊行隊伍；有些人則在車頂上跟著向前跑，腳踩在車頂上，發出巨響。

當火車慢慢前進，超越遊行隊伍時，我終於看到了走在隊伍最前面的那個人。他的個子不高，身上披著簡單的纏腰布，拿著一根木杖。雖然頂著大太陽，神情卻帶著喜樂，緩步向前行。群眾們齊聲呼喊他的名字。我的父母也曾以無比尊敬的話

語告訴我這位傳奇人物：甘地的事蹟。他解救了被壓迫的族人，讓他們看見人權的曙光。

最後，火車終於停了下來。我已在搖搖晃晃的火車上好幾個小時，現在火車突然停了下來，我全身忽然感覺充滿活力。我看到一個孩子向聖雄跑去，把手中的花遞給他。甘地停下腳步，彎下腰來，接下這朵花。我看見他整個人散發出的愛。他直起身，繼續向前走，然後轉頭向後看，越過身邊的群眾，看著火車旁和車頂上的人，還有正把臉緊貼在車窗邊的我們。有那麼一剎那，我真的感覺到他是看著我。

我時常感受到愛，但我永遠不會忘記，甘地所散發出來的愛。我覺得他彷彿看見了我要離開印度的悲傷，還有我的恐懼和盼望，並且全然接納。他用一種令人永生難忘的愛看著我，那份愛看見了我的靈魂。

然後，他轉過頭，帶領隊伍繼續遊行。

我見證的是甘地的「食鹽進軍」（Salt March），又稱食鹽不合作主義，他帶領非暴力運動，抵抗英國人徵收的沉重鹽稅。如果我現在可以送給你一個禮物，那就是這份令人難以忘懷的愛，那種看見你並接納你一切的愛。這份愛承載著對未來的盼望，以及許多人生功課的意義，同時為那些艱難掙扎賦予目的。當生命動力湧升，把我們推進嶄新的人生方向，這份愛會讓我們知道，我們面臨的是全新的人生轉機。

無論你是誰，我對你來到這個世界所要做的事，充滿了敬意。我慎重看待你經歷的一切，對於你接下來要經歷的，懷抱著無限期望。透過這本書，我用六個人生祕訣引導你，並給你全世界的愛。

　　其餘的，就取決於你了。

你來到這裡，是有原因的

—— 01 ——

找到你的原動力

至今我仍清楚記得，找到自己內在原動力的那一刻。

我的父母是宣教士，曾在印度喜馬拉雅山腳下的穆索里（Mussoorie）工作。我從 5 歲開始，就和哥哥、姊姊一起去當地唯一的英語學校上學，那裡的學生主要是宣教士、政府官員和英國軍官的子女。我是那種會把自己弄到全身髒兮兮的小孩，母親和保母阿亞總是竭力讓我乾乾淨淨、衣著整齊的出門，但我輕易就能將她們的努力化為烏有。

比起洋娃娃或書本，我更喜歡在泥地裡玩耍和爬樹。我喜歡聽故事，但不喜歡看故事書，因為字母總是在我眼前跑來跑去，所以我始終無法捕捉印刷在紙上的文字是什麼意思。

在現代，我們稱此為閱讀障礙。但在那個年代，我們還沒有這個觀念和詞彙。剛上學的那幾年，我一直以為自己很笨，

因為我的一年級老師一直灌輸我這個想法，她經常挑我的錯。我在班上表現很差，必須留級重讀，而她對我的刻板印象，深深影響了我的自我價值感。

回顧過往，我當時的掙扎其實算不了什麼。從我後來從事的職業來看，當時的遭遇只是我童年時期的一個小插曲。但在當時，我過得很辛苦，我真的相信自己很笨。我擔心，假如我連閱讀都學不會，將來如何生存。但最讓我擔心的，還是我可能無法追隨父母的腳步成為醫生；當醫生是我最大的夢想。

我也不知道怎麼交朋友。我非常寂寞，每天放學後，我數著自己的步伐，獨自一路走回山丘上的家，然後躲進保母阿亞的大披肩裡哭泣。

讀小學一年級的那兩年非常漫長，唯一的期待是冬天來臨，全家打包行李，開著旅行拖車，到外地去工作。我最開心的是，待在父母為病人看診的活動帳篷裡。我們的帳篷總是川流不息，來自各個偏遠地區的人（大多是印度種姓制度中的賤民）會來這裡接受治療。種姓制度將他們歸類為「不可接觸者」，我的父母認為這個稱呼既不正確又令人難過。我永遠都無法理解，阿亞怎麼可能是「不可接觸」的？她的擁抱明明是世界上最美好的感覺。她的丈夫達爾或是任何人，怎麼可能有誰是不可接觸的？我的父母也治療婦女和麻瘋病患〔現在稱為漢生病（Hansen's disease）〕，他們在其他地方往往無法求醫。

這些病人大多從來沒見過醫生，有錢看病的人屈指可數。

父母的熱忱使我們的帳篷總是非常熱鬧，人們來到這裡不只可以接受治療，還能得到愛、善意與社群的接納。我們從天亮就開始工作，中午最熱的時候，會稍作休息，然後，繼續工作到傍晚。當一天工作結束，我們會圍坐在營火旁，在滿天星星的天空下說故事。

當地人都知道我的父母會醫治每個需要幫助的人。有天，父親帶著兩個哥哥去打獵，留下我、瑪格麗特和弟弟高登，在醫療帳篷協助母親。我很喜歡當母親的幫手，幫助傷口感染、有慢性病或骨折的患者。母親是一位醫師這件事令我引以為豪。8 歲的我，已經自覺幾乎什麼世面都見過了。但那一天，來了一個意想不到的病患。

約正午時，外面傳來喧鬧的聲音。然後，一個年輕人牽著一頭受傷的大象走進帳篷！母親上前解釋，她不是獸醫。但那個年輕人說，這頭大象非常特別，邦主打獵時最喜歡騎著牠。不久前，牠踩到一個竹筒殘株，把腳弄傷了，傷口一直沒有癒合。邦主平常是指派照顧動物的人負責醫治，但他知道我的父母來到這個地區，於是命令年輕人（那頭大象的訓練員），一定要讓我的父母親自治療大象，否則不准回去。

母親從沒有醫治過大象，但她也從不畏懼挑戰。她先用溫柔堅定的語調跟大象說話，就像對待其他心情緊張的患者一

樣。「我們來看一下，」她用平靜的聲音說，「我會很小心。我看得出來，你的傷口很痛。」她仔細查看大象的左前腳，小心翼翼的觸摸牠柔軟的腳掌。牠的腳掌感染很嚴重，她推斷，牠的腳掌裡一定還有碎竹片。這麼靠近如此龐大的動物，令人既興奮又膽怯。當我用手撫摸牠那皺巴巴的皮膚和光滑的象牙時，牠散發出來的溫和能量令我感到訝異。

母親察覺我很想幫忙，於是叫我去拿鑷子、過錳酸鉀和一個大的銅製注射器。我先把鑷子和最大支的注射器拿來。母親用一貫平靜的語調說，「好，好，你很棒。」那頭大象耐心的站在那裡，不停的眨眼睛。

接下來，我跑進醫療帳篷，預備消毒水。我從架子上把一大罐過錳酸鉀拿下來（我們的醫療帳篷總是整理得井井有條），放在一瓶水的旁邊。然後小心的量好劑量，把紫色液體倒進盆子，留意不接觸到藥性強烈的化學藥品，如果接觸到未經稀釋的過錳酸鉀，我的皮膚會被灼傷。我把又大又重的盆子端起來，慢慢的走在高低不平的地上，小心翼翼不讓液體潑灑出來。我看見那頭大象靜靜的站在那裡，看著母親在牠那平滑的灰色前腳掌尋找竹片。牠耐心的讓她把長長的碎片取出來，然後清洗被感染的傷口深處。我能理解邦主為何那麼喜歡這頭大象。牠非常有禮貌，在整個過程中完全不曾退縮。

傷口清洗好之後，母親在傷口上塗抹膏藥，結束治療。

大象是非常善於表達情感的動物。這頭大象非常開心，牠實在太開心了，當訓練員要帶牠到恆河去泡水消暑時，牠用象鼻管把瑪格麗特舉到空中。瑪格麗特發出尖叫，既興奮又害怕。我們屏息靜觀。看到牠把瑪格麗特放在牠的背上，我們全都鬆了一口氣。然後，牠把象鼻管伸到我這邊。

　　看到瑪格麗特安然坐在大象背上後，我已經不怕了。牠用象鼻管將我環繞，我感受到牠強而有力的肌肉，牠的鼻子和我的大不相同。我見過很多大象，也看過牠們從樹上摘葉子吃，以及把小象舉起來，但我從來不曾觸摸過象鼻管，或是想像過被象鼻管緊緊環抱的感覺是什麼。不過我沒時間細想，因為我很快就發現自己已坐在姊姊的旁邊，在大象寬闊的背上。接下來，牠把弟弟高登也放在背上，高登用小手臂抱著我。出發！我們一路走到恆河邊，其他孩子跟在我們後面，到河邊後，那頭大象開始用水噴我們。我們平常不能到河裡玩，因為水裡有蛇和鱷魚。不過，大人知道，有大象在，蛇和鱷魚就不會靠近，我們在河裡跟牠玩了一下午。

　　隔天，訓練員帶大象過來，讓我母親檢查傷口，看看有沒有感染。大象直接走到母親面前，用象鼻管環繞她的腰，把她舉到半空中，就像把我和弟弟、姊姊舉起來一樣。接下來那幾天，牠每天都來找我們，用象鼻管把母親舉到空中，好像在表達牠的感謝。母親用一貫的幽默感，笑著大喊，「乖孩子，把

我放下來！」然後，我們會去河裡玩，有時候，我們騎著大象在淺水區行走，有時候，牠會用象鼻管吸水，噴灑在我們身上，使我們尖叫連連。

那段時間是我人生的轉折點。當新學期開始，我很開心地發現，我其實沒有那麼討厭上學。

協助母親治療那頭大象的經歷幫助我發現，我生來就是要當一個醫生的。雖然閱讀障礙使我在學校遇到很多困難，但我發現，它對我的智力毫無影響。我的新老師了解我的困境，並找到方法教我閱讀，當我意識到，我必須有閱讀能力，才能進醫學院學習，這給我勇氣遵從她的指導。我再次對自己產生信心。那個認知幫助我撐過小學、中學、大學和醫學院。

就像我的父母一樣，醫治病人讓我有機會以正向且有意義的方式與世界互動。當我端著那盆紫色溶液來到那頭大象面前，我與內心的喜樂有非常深的連結，這使我意識到，在學校遇到的挑戰不能阻止我。我會找到方法克服困難。我知道我很重要，也被需要。我覺得我是宇宙萬物的一份子。

我們都有權利得到這種感覺。每個人來到這個世界，是有原因的，我們要學習、成長，把天賦發揮出來。當我們這麼做時，渾身上下就會充滿一種創造性的生命能量，我把它稱之為「原動力」。

原動力是我們活著的理由，也是自我實現和喜樂的展現。

當生命被愛啟動，就會產生原動力。我們從對我們重要且有意義的事物得到的能量，就是我們的原動力。我的父母在幫助弱勢者的過程中，得到了他們的原動力。這也是我要與你分享的第一個祕訣：你來到這裡，是有原因的。我們每個人來到這裡是為了與我們獨特的天賦連結；這會啟動我們產生一種渴望，希望不留遺憾、不枉此生。形成這種連結不一定是重點，尋找的過程遠比結果更重要。

尋找原動力的過程，會讓你變得生氣蓬勃。這個觀念並不新，這個尋找過程跟健康有關的看法也不是新的。

在東方哲學思想中，有種能量與我們的健康有關，叫作「氣」。西方哲學家可能會用更理論性的說法，像是動機或是目的。緊急救護員和安寧醫療工作者通常把原動力描述為活下去的意志力，因為當一個人失去它，就會開始邁向死亡。擁有原動力，雖然不保證可以百分之百的健康，但耗盡或喪失原動力往往是阻礙我們感覺積極美好的主因。

透過每一天你對世界所做的貢獻，可幫助你找到自己的原動力。哪些活動和目標會帶來原動力，因人而異。有些人找到讓自己發光發熱的職業，他們可能常在想：「真不敢相信，居然有人願意付錢讓我做自己喜歡的事！」但也有些人為了謀生而從事無法帶來原動力的工作，他們把熱愛的事物留到下班後再做。還有一些人，像是照護志工，儘管沒有酬勞，但他們對

社會做出了重要的貢獻，也與個人使命感密切連結。

　　找到原動力的方法和方向沒有標準答案，但每個人都需要找到它，這是我們生而為人很重要的部分。少了原動力，就很難感到喜樂，然後會開始逐漸失去身體和心理健康。有鑑於此，我常問病人，為了什麼而活？假如他們無法回答，我就只能解除他們的症狀。我或許可以修正出錯的部分，卻不一定能導正情況。

　　如果有幸，我們可以在一生中多次體驗到那股原動力。但事實上，許多人常遇到的問題是，內在原動力漸漸枯竭，這讓人感到恐慌，並意識到自己出了問題；也有些人沒有察覺到這一點，但就像油箱空了的汽車，行駛速度愈來愈慢，最後停滯不動。

—— 02 ——

我為何在這裡？

不是每個人都和我一樣，在年紀很小的時候，就找到人生方向。對於「我是誰？」這個問題，許多人一直沒有答案，也找不到內在的原動力。可能隱約感覺到，卻無法確實掌握。

剛從大學畢業，取得電腦科學學位的詹姆斯，就面臨這樣的處境。他和他的家人一直都是我的病人。他的母親要他來找我諮商。我先幫他做了身體檢查，確定他在生理上沒有任何異常。但在診間中，他顯得有些焦慮，他的隨身聽掛在褲頭（是的，那是很久以前的事），耳機掛在脖子上，目光不自覺地在診間游移。

「什麼事讓你心煩？」

「我對自己的未來感到不確定。雖然我拿到學位，有學貸要還的壓力，但就是對任何工作機會都提不起興趣。」

「你喜歡電腦嗎？」

「雖然談不上喜歡，我也明白資訊科技業的前景看好。我父親是工程師，他相信這是個穩當的職業。但世界快速變化，我認為沒有絕對安全的工作選擇。」

「那你想做什麼呢？」

「我不知道。」

雖然他這麼回答，但我猜想，在他內心深處可能已有了答案，只不過他沒有足夠的安全感說出來，包括對他自己。

「你最近睡覺時有做夢嗎？」

他告訴我，夢中偶爾會出現一棵高大的仙人掌，至於其他夢境就不記得了。於是我提議帶他做個想像練習。

「閉上眼睛，看看四周，你能看到一條路徑嗎？可能是鵝卵石鋪成的、泥土小徑、柏油路，或甚至是一條人行道。」

一開始，詹姆斯皺起了眉頭，但不久就舒展開了。他低聲說：「我看到了，就在那裡。」

「往前走，一步步向前走。現在，看看四周。這是屬於你的路。你在路上看到了什麼？」我輕聲地對他說。

一分鐘之後，詹姆斯平靜的說：「我正朝一座山走去。」

「朝遠方看，你看到什麼？」

「我看見那棵仙人掌，還聽見了鼓聲，」詹姆斯說。然後，他睜開眼睛，困惑的說，「我真的不知道這一切代表什

麼。我有太多事情需要弄清楚。我問過父母,能否讓我一個人到山上露營,但他們不放心,還擔心我有沒有嗑藥。我只是想要一個人靜一靜,親近大自然。」

「我認為你應該去。如果你的父母對此有意見,請他們打電話給我。」

幾個星期後,我在超市遇見了詹姆斯。他對我說,他一個人上山露營了,在那段時間,他認真思索自己想走的路。在山上時,他腦子裡一再出現鼓聲,於是他坦誠面對自己:在內心深處,他想成為音樂人,想進研究所學習音樂製作。我看見了他眼神閃爍的光芒,還有充滿活力的內在原動力。

「你的父母怎麼想?」

「他們擔心我會變成窮音樂人,還背負沉重助學貸款,但他們同意讓我嘗試一年,看我能否在音樂界有所發展。」

詹姆斯的故事告訴我們,有時候,我們必須走過一段轉型的歷程,才能找到自己的原動力。在那個歷程中,我們會了解自己是誰。我們或許要改變現狀,嘗試新的事物,或放棄舊的習慣。但有時候,在生活周遭偶然出現的微小變化,也會帶來意想不到的效果。

莉莉安似乎擁有一切,但內心卻感到空虛寂寞。她坐在我身邊,心思卻飄到遙不可及的地方。她說,「我一定是哪裡有問題,我很確定。」

我為她看診多年，也為她的家人看診，他們似乎是快樂的一家人。莉莉安的孩子已經成年，很有禮貌，事業也發展得很好。她的婚姻美滿，也很投入社區公益活動，在當地非營利組織當義工，照顧低收入家庭的兒童。

她曾經生病，現在身體已復原。她對現況的抱怨，實在令人不解。她說自己或許生病了，可能體內還有沒被發現的腫瘤。她覺得自己罹患某個自體免疫性疾病的初期，再不然就是荷爾蒙失調。總之，她認為自己有問題。她相信我能協助找出問題所在。

我開始更仔細詢問她的症狀。頭會痛嗎？不會。消化好不好？和平常一樣，沒什麼問題。身體有沒有哪裡痛？沒有。她只覺得自己正在老化，總覺得這裡痛或那裡痛，但沒有哪裡特別痛。我開始探詢心理症狀，問她睡得好不好？很好。有恐慌症或憂鬱症狀嗎？沒有。但她就是整個人感覺很糟。她解釋：「我現在對什麼事都提不起勁，協會指派我去募款，但我一直沒完成任務。我覺得自己老是心神不寧。」

有這種狀況的人，不只有莉莉安。他們無法說出明確的症狀，每天的症狀似乎又都不一樣。有時，疼痛害他們什麼事也做不了；有時，感到渾身無力；有時，就是一整天都提不起勁。莉莉安不知道這些情況是怎麼造成的，但她都經歷過。

我溫柔的問她，「莉莉安，你覺得哪裡不對勁？」

她低頭看著那雙剛做美甲保養的手。一分鐘之後，她才給出答案。我看得出來，她在內心很認真的思索，要把她一直無法定義的東西整理出一個樣貌。在那漫長的 60 秒鐘，我和她一起等待。

然後，她說出答案：「我猜，我再也沒有活著的目的。」

這句話使氣氛變得凝重，我們都感受到它的份量。

幾秒鐘後，莉莉安打破沉默試著解釋。「我的意思是，我想要的一切都有了。我對我的生活感到滿意，沒什麼好抱怨的。但是，」她停頓了一下，目光掃過四周，手指輕撫著脖子上的精美項鍊，彷彿想要確切指出到底哪裡不滿足，最後她終於說出心裡的話，「我感覺自己變得多餘了，好像我的存在已失去它的價值。」

她的聲音顫抖，淚水從她的兩頰滑落。「我的兒子們已經不住在家裡。我的丈夫忙於工作。無論我為孩子做什麼，好像也不是那麼重要，因為並不能真正解決他們的困難。這讓我感到悲傷，因為我開始質疑自己的存在價值。我已經完成該做的每件事，活著已經沒有什麼意義。」

莉莉安更用力的拉扯她的項鍊，焦慮逐漸升高。「我不知道接下來要做什麼。或許我接下來已經沒事可做了。或許我的任務已經結束了。」

少了原動力，就算看似擁有一切，實際上卻一無所有。缺

少原動力的人生是空虛的，會讓人提不起勁。這不算是臨床上的憂鬱症，但也不算是真正活著。就像莉莉安自己形容的，這種感覺很糟。

本書涵蓋了許多戲劇性翻轉人生的精采故事。但莉莉安的故事一直留在我心裡，因為生活中大多數時候並不是那麼戲劇化，更常的是日復一日、一分一秒地過去，要不是與周遭世界互動，要不就是不互動。許多人生中的關鍵轉折，正是在這些看似不起眼的日子裡，悄悄發生在像莉莉安這樣的病人身上。

我給莉莉安一個大大的擁抱，讚許她的勇敢。醫學院從來不教我們要擁抱病人（他們現在可能會教學生不要這麼做），但我才不管，我一直都是這麼做的。

我試著向她解釋她所經歷的狀況。「莉莉安，你很重要，只不過你忘記了這件事。你是更大藍圖的一部分。你是你的兒子、你的丈夫、你的朋友生命中的一部分。你是生命本身的一部分。你的任務還沒有結束，你的人生還沒有完結。你的美好人生就在這裡，等著你投入其中。」

我告訴她，我怎麼看她的處境：她和她的生命就像兩個沒有交集的圓圈，完全分開。在這種情況下，她的生命怎麼可能給她原動力？而她又怎麼可能回饋任何東西給她的生命？

我們討論了她在社群裡的角色，她似乎變得稍微開朗了些。她的理智能理解我對她說的話，但她的身體還需要一點時

間才能趕上來。

幾天後，莉莉安在家中露台扭到腳踝，跌到地上，摔碎了右髖關節。我得知消息，到醫院探望她時，已是意外發生的兩星期後，她的心情非常低落。她一看到我，立刻露出了開心的表情，但隨即又變得消沉。

我給她一個深深的擁抱，然後問她，「莉莉安，你在這裡都怎麼打發時間？」

「我什麼事也沒做，什麼也不能做，必須待在病床上。」

「但是你的手、你的腦都可以動啊。你當然能做一些事，而且必須找點事來做。假如你這樣持續下去，你的原動力會完全喪失。」

她詫異的問我：「我在病床上能做什麼？」

「現在是誰在規劃兒童協會的募款活動？」我問她。

她開始說明，她不在的這段期間，這個非營利組織指派另一位員工負責，但那個人的工作實在太多，根本沒有餘力處理募款的事。我鼓勵莉莉安，打電話給對方，試著分攤部分工作。我建議她，「你必須與你的生命動力重新連結，要達到這個目標，必須讓自己忙起來。如果你一直悶悶不樂，你的髖關節復原的時間會更長。」

莉莉安把我的話聽進去了，開始幫忙規劃募款活動。當她開始忙著選擇會場布置的樣式、邀請講者、決定菜單時，整個

人變得生氣蓬勃。兩個月後，我去參加她的募款活動，我看見了我所見過最美的活動會場。她募得的款項啟動了一個全新的弱勢孩童課後輔導計畫。

莉莉安與詹姆斯都出席了我的 102 歲慶生會。我很高興他們能來和我一起慶生，我也慶賀他們為自己創造充滿原動力的人生。莉莉安現在仍然忙著參與兒童協會的工作，主導年度募款活動。至於詹姆斯，在他獨自上山的數十年之後，他成為當地原住民部落受尊敬的弟兄，帶領其他人追尋自己的願景，同時也是一位非常成功的專業音樂人。

看到他們暢快淋漓的活著，使我想到，尋找原動力的過程讓我們跟一個更大的問題連結：我為什麼在這裡？有些人從靈性找到答案，有些人從信仰找到答案，還有一些人相信宇宙的隨機性。無論我們對創造的理解為何，我們的原動力都能回答「為什麼」。當我們擁抱生命、生命也擁抱我們時，原動力會立刻湧現。

主動發起這個改變很重要。一旦我們開始了，那股力量就會持續流動、擴大，直到我們充滿了力量，並開始與更重要的東西即活著的目的連結。

充滿原動力的生活，變成了充滿使命感的生命。這不僅對心理健康有莫大助益，也會顯著提升身體健康。密西根大學健康與退休研究（University of Michigan Health and Retirement

Study）顯示，強烈的使命感與 50 歲以上成人較低的死亡率相關。這些研究指出，擁有明確的使命感可以減少心血管疾病的風險，並延緩步入阿茲海默症最嚴重病程。

原動力帶給我們的喜樂，會擴散到我們周遭。在整合醫學中，我們不僅把身體健康視為靈魂健康的一部分，也把靈魂健康視為世界健康的一部分。當我們關心我們的心靈，也增進了世界的健康，因為我們是一體的。也有證據顯示，擔任志工與降低死亡率有關，更不用說可提升幸福感了。這表示，有目標的生活可以幫助我們活得更長久、更美好。

03

就像一片片拼圖

　　若不是金波太太，我的母親可能不會去讀醫學院。金波太太是與母親家相隔三戶的鄰居，是個壞脾氣的老太太。她走路一拐一拐的，一天到晚抱怨背痛，她的醫生對此束手無策。但在 1910 年的某一天，母親在陽台看到金波太太在路上用平穩的步伐大步前進，臉上掛著微笑。

　　這是同一個人嗎？是什麼讓她整個人改變了？

　　金波太太告訴我母親，一位骨療醫師讓她躺在餐桌上，把她像麻花捲一樣扭來扭去，僅一次就把她的疼痛治癒了。金波太太說，她的醫師安德魯・史提爾（Andrew Still）是骨療醫學的開創者，而且思想先進，率先在他的醫學院招收女學生。

　　母親從沒聽過骨療這種職業，但她想向史提爾醫師學習，如何讓壞脾氣的人再次露出笑容，於是開始打聽入學資格。

約一年後，她成為這所最早開放男女合校的醫學院學生，並在那裡認識了我父親。1913 年，母親完成學業，自此致力於治療受苦的人。我的父母在印度盧爾奇（Rourkee），設立了一所婦女醫院，醫治過無數病人，每到冬季，他們還會前往偏鄉紮營看診。在堪薩斯州度過大蕭條的那兩年，他們也在當地社區提供醫療服務，多數時候都是免費看診或僅收微薄醫藥費。我母親除了是醫治者，還打開許多人的視野，她是他們見過的第一位女醫生。

　　金波太太幫助我母親與自己的使命連結，改變了她的人生。而我母親透過她在印度以及其他地方的醫療工作，改變了許多人的人生。這正是原動力的運作邏輯，不只把我們與我們的使命連結，還藉由集體使命，把所有人連結在一起。

　　我所謂的集體使命，指的不是每個人有相同的使命，而是當我們獲得了原動力，我們會散發更強的使命感，不只影響周遭的人，還會擴散到周圍的社群。每個人的靈魂就像是一片片的拼圖。使命把我們凝聚起來，一起創造出比個人能做到的更大、更美好的成果。

　　我喜歡拼圖的比喻，這個比喻給予我們空間，成為獨一無二的自己。我們不會被要求變成這個或那個形狀，我們可以成為自己原本的樣子，如此一來，我們可以互相契合。沒有人有權利評斷別人的形狀。同樣的，努力把自己變得更像或更不像

某個人，或是擔心別人會不會評斷我們的形狀，也沒有太大的意義。我們要做的是，與自己的靈魂連線，同時幫助別人也這麼做。這個觀點可以幫助我們明白，每個人都很重要。這世界很好，但你也不差。你是否有過這樣的經驗：當整幅拼圖快要完成時，你發現有一片拼圖不見了？這可是一件大事！

當我們找不到自己在整幅拼圖裡的位置，可能會覺得自己奇形怪狀，與其他人格格不入。我們可能會狐疑，我們為什麼是這個樣子。我們可能會拿自己跟別人比較或是覺得自己不夠好。我們沒有看見自己在整體裡的樣子，以致感覺失去希望、心情沮喪以及與人隔絕。我們覺得自己渺小、微不足道，好像沒有能力掌管自己的人生，也沒有存在的理由。

但當我們在整幅拼圖裡找到自己的位置，我們就成為生命全貌的一份子。我們的原動力會自由的流動、與周遭的人互相交流，我們也因此得到更多的原動力。每個人都會用一生的時間來探索自己的拼圖形狀，這意味你要對時間有耐心。

我念醫學院時，美國只有幾所學校招收女學生。我就讀的賓州女子醫學院，是當時唯一一所全女子醫學院。學校告訴我們，要在醫界存活，就必須比男生更聰明、更堅強、更優秀。就在我們開學的時候，二次世界大戰爆發了。

我去上醫學院，是因為我想要愛人、醫治人。但我發現，整個國家對戰爭的關注也滲透到醫學體系。或許事情本來就是

如此，只是我以前沒有注意到。我追隨父母的腳步，把身體健康視為更大生態系統的一部分。我比較不關心如何扼殺疾病，我更感興趣的是人為什麼會生病。這個觀念與我在醫學院受的教育格格不入。學習解剖學、生物學和其他科學對我來說不是問題，但學校教導的診斷與治療方法讓我覺得很痛苦。

再加上我喜歡在課堂上織毛線讓自己保持專注，這使我成為瑪麗安・費伊（Marion Fay）院長最不喜歡的學生。費伊院長是一位思想古板的長輩。她對我的看法，就和我的一年級老師差不多，而且她毫不掩飾自己的想法。

有一天，她把我叫進她的辦公室，我曾經多次在那裡被訓話和貶低。她穿著潔白的上衣，坐得挺直，繫在鍊子上的眼鏡垂在胸前，全身上下沒有一點溫柔的氣息。

「泰勒小姐，我要把你轉介給精神科醫師。」

「精神科醫師？」我不敢置信的笑了出來。

「我不確定你是否適合這裡，」她接著說，並用手中鉛筆輕敲太陽穴，語氣特別強調「適合這裡」來確保我聽懂，「你似乎完全沒抓到醫學的精髓，整天在課堂上織毛線，或許你不適合當醫生。若是如此，精神科醫師會確認這件事。」

我問她：「院長，我不想失禮，但我們不是應該參與我們的教育嗎？課程結束後，我們將會進入醫院和診所工作。我們真正了解教學內容背後的觀念，不是最重要的事嗎？這裡只教

怎麼扼殺疾病，從來不談愛的療癒力量。」

　　她手中的鉛筆抓得更緊了，她說：「我擔心的就是你這種觀念。醫學的重點就是扼殺疾病，因為疾病會扼殺病人，而我們的工作是讓病人活下去。你為什麼一直在講愛與療癒？你太軟弱，像個護士。你需要強悍一點，泰勒小姐。如果再這樣下去，你一定撐不過醫院實習。」

　　我緊閉雙唇，免得說出不該說的話，勉強擠出一句「謝謝指教」後，就抓著那張可怕的轉介單，衝出辦公室。

　　我真的去找了那位精神科醫師，他認為我很正常。但那次的經驗給了我當頭棒喝。我很清楚，醫學體系永遠不會接納真實的我。現在回想起來，我在那一刻意識到，我必須用自己的方式，在醫學界闖出一片天。

　　如果我順應體制，那四年的醫學院訓練可能會把我的原動力榨乾。我把目光聚焦在我的目標：只要撐過這四年就好。成為醫師之後，我就可以把重點放在愛與療癒，即使我必須先專注學習如何扼殺疾病。這個想法以及男友比爾的書信鼓勵，給了我原動力。比爾當時在辛辛納提就讀醫學院。

　　我繼續完成學業並取得醫師資格，在醫界占有了一席之地。我在1943年和比爾結婚，我們畢業後不久，就一起開業。

　　我對醫療的理解一直在演進。後來，我開始相信輪迴，這與我小時候被教導的神學觀念相抵觸。在比爾的陪伴下，我開

始試著突破我從小被教導的觀念。我發現，科學界對於意識是什麼，以及它從哪裡來，並沒有共識。這使我認為，我們的靈魂是永恆的，需要一次又一次的投胎來學習該學的功課。當時，醫師與治療師對靈性與靈魂方面的醫學開始感興趣，我和比爾是這個運動的核心人物。現在，靈魂不朽的觀念引導我完成在這個世界的角色，包括醫生、母親、祖母和人類的一份子。這強化我的信念：每個人來到這裡，是為了某個使命，隨著我們的靈魂在一次又一次的人生與其他靈魂互動，每一個人的使命也開始互相連結。

這個觀念也幫助我明瞭周遭的世界。多年之後，我的拼圖變得更加清晰，使我能與我的原動力更緊密的連結。我更加明白我來到這裡是為了做什麼。除了成為醫生和母親，我還要在身體層次之外，推廣靈魂層次的療癒觀念，包括新的觀念和古老的觀念。它使我更深入的了解我父母倡導的療癒型態，也確認了我與現代醫學體系聚焦於扼殺這個觀念的歧異。

在我看來，健康上的挑戰也是靈魂旅程的一部分。我們的目標應該不是扼殺它，而是允許它幫助我們學習與成長。

探索靈性與醫學的交會之處，是我此生很重要的角色。但假如我們不知道自己的角色，或當角色產生變化，不知道該如何追隨這個角色，該怎麼辦？當覺得有多個使命在召喚我們，以致被不同方向的力量拉扯，又該怎麼辦？

04

該把原動力投注在哪裡？

不久前，一位名叫安妮的年輕患者來求診。她在一年內，三度出現嚴重的支氣管炎。到我的診間時，她不時發出哮喘聲。聽得出來，她身體很不舒服。我開始詢問她的生活方式：她有抽菸嗎？沒有。是否在通風不良的地方工作？不是。接下來我詢問她的病史：是否過敏？是否有呼吸道疾病？

她用沙啞的聲音回答：「沒有，應該沒有。」

「你時常使用你的聲音嗎？」

她笑著回答：「一天二十四小時算不算時常？」

她的工作是電影製作，她很喜歡這份工作。但有開不完的會，通常到星期三就沒聲音了。下班之後，一週有四個晚上她會去瑜伽教室從事她熱愛的另一個活動：教瑜伽。

當她談起這兩份工作，立刻變得神采飛揚。然而，她也意

識到需要放緩腳步。如果夠誠實面對自己，她可能會承認，對於教瑜伽的熱情已經不如從前。她曾為了成為一名瑜伽教師付出很大的努力和時間，因此放手讓她感到不甘心。但她也認知到目前的教學工作量過於繁重，已打亂她的生活節奏，使她無法好好照顧自己的身體。

在我的建議下，安妮很快將她的瑜伽教學次數調整為每週一次。她仍舊安排了數天晚上到瑜伽教室，但是去當學生而非老師。一個月後，她回診時，我注意到她的狀況有了明顯改善。她的聲音很清晰，也幾乎不咳嗽了。當我用聽診器檢查她的肺部時，一切顯示她正在逐漸康復。

「對新的時間安排感覺如何？」我問她。

「我以為我會很想念當老師，但當學生輕鬆多了。我開始去上比較晚的課。比起我教的課，這些課程的動作節奏更慢、動作更柔和。這樣我就有時間在家裡吃一點輕食，也有時間消化。以前，我都是在深夜隨便買東西吃，吃完就去睡覺，」她告訴我，她的咳嗽次數減少了，呼吸也變得比較順暢，「但我覺得怪怪的，好像我的靈修退步了。」

我覺得很疑惑，那怎麼會代表退步呢？她說：「以前我是有名的瑜伽老師，現在我大部分的時間是學生。」我露出微笑。她的反應太可愛了，不過誤解也很深。

我告訴她：「你終於把你教的東西實踐出來了。證書無法

幫助你了解，你的內在發生了什麼事。一份工作也無法告訴你，你的靈修到了什麼層次。」

「我所認識的最有智慧的人，有些人是理髮師、有些人是廚師，」我繼續說，心裡想著阿亞，阿亞完全不識字，「你跑太遠，超越了你的心想去的地方，而你的身體試圖要告訴你這件事。你要感謝你的身體，讓你看見你需要知道的事。」

「有道理，」安妮一邊思索、一邊慢慢的說出這些話，「我的外在活動減少了，但我現在覺得好多了，因為我不再硬撐了。」接下來的幾個月，她的狀況持續改善。當她不再同時做太多件事，就有餘力好好照顧她的健康和心靈。

現代的文化崇尚忙碌，因此我們有可能很難找到屬於自己的路。我們往往希望自己樣樣都成功，環境也鼓勵我們，用外在事物做為成功的指標：我們是否有任何專長，或是我們的專長是否帶給我們名或利。但事實上，是否幸福主要取決於我們的感覺，而不是其他的事物。當我們試圖跟別人一樣，做外界認為我們應該做的事，或是創造一個我們應付不來的身分認同，我們就會吃苦受罪。

許多人透過養兒育女的痛苦經驗，明白了這個道理。有些父母樂在其中，有些則疲於奔命。

以我來說，當媽媽一直是我的原動力泉源。我一直夢想要有六個孩子，比爾和我在結婚之前，就已經有共識。在那個年

代，職業婦女並不常見。我讀醫學院的時候，「鉚釘工蘿西」的形象（二戰期間的一張宣傳海報，展示一位女性工人捲起袖子，秀出手臂肌肉的樣子）才剛出現。由於我一邊工作，一邊在四年內生了四個孩子，經常有人質疑我的家庭規劃能力。「你難道不知道該怎麼節育嗎？」有一天，一位女病人尖酸刻薄的對我說。當她發現幫她看診的是女醫師時，出於成見，她有點不高興，她大概害怕我不夠專業。那個時候，我要忙著照顧小孩，同時忙著看診，我是當地唯一的全科醫師。我還記得，她說的話讓我非常驚訝。她無法想像，我竟然選擇要生四個小孩，更無法想像，我還想再生兩個。但我真的這麼做了，我總是能在我家附近找到好鄰居（通常是我的長輩，在孩子離家之後找不到生命的原動力），我會雇用她們在我工作的時候來我家陪我的小孩。

　　工作的時候，我掛心家裡的事；在家的時候，我掛心患者的情況。這兩股力量，似乎把我拉向不同的方向。

　　許多人也有類似狀況。當我們積極投入自己的生命，往往會感覺到，我們熱愛的各種事物會同時把我們朝好幾個方向拉扯，每件事都需要我們投入時間、精神和生命動力。那我們該把原動力傾注於何處？

　　我們可能會覺得必須從中擇一，但人是複雜的生物，也應該擁抱這種複雜性。在我看來，最快樂的人同時擁有多個愛

好。我的兒子約翰是一名牧師，從小對新科技充滿興趣。他樂於為教會的活動和我的訪談與視訊電話，架設各種機器設備。他的名字取自我的哥哥約翰，我哥哥也身兼神職人員、獵人和牙醫等好幾個身分。在美國退休後，他回到印度，照顧當地人的口腔健康。我的一個好友是全職作家，她還喜歡照顧馬匹、種菜，以及在教會詩班唱歌。他們都設法透過其中一項興趣，賺到夠用的錢來支持其他的愛好，過著滿足且完整的人生。

對我來說，母親和醫生的角色其實是互相支持的。在那個年代，養小孩要花不少錢，但也不至於傾家蕩產。很多人覺得我不像個母親，因為我有全職工作，也有很多男醫生（甚至是女護士！）覺得我不像個醫生，因為我生了很多小孩。實際上，我只是一直在做我認為對的事，並從工作和家庭得到同樣多的原動力。回到家看到孩子們溫暖的笑容，給我原動力在隔天早晨出門去上班，而與患者的互動，也會給我新的原動力，使我能夠對子女不斷付出。當我的事業擴展到演講、寫作、帶給人們新觀念，我發現我不但沒有耗盡原動力，反而得到愈來愈多能量。

身為母親，除了從養兒育女過程中得到原動力，也可以從園藝、運動、戶外活動、社會運動、藝術才能或是其他活動得到原動力，即使那些不是我們的「正職」。我這一代的人通常有很多嗜好。在我養兒育女的年代，所謂的娛樂活動通常要出

門才能參與，所以我們必須自己找方法在家自娛。許多人喜歡下廚、修理家裡的東西和車子、種植花草樹木、寫故事、唱歌、彈奏樂器，或從事手工藝，像是編織、十字繡和繪畫等。這些創造性活動能使我們與自己內在的生命動力連結。做得好不好不重要，重點是單純的享受這些活動帶來的樂趣。

我注意到，過去幾十年來，人們對這類創造性活動愈來愈不感興趣。電子裝置和娛樂隨時隨地可得，人們對於有挑戰性的活動興趣缺缺。現代人生活中充滿壓力，對無法賺錢或沒有立即效益的事，往往忽略其蘊藏的價值。許多人難以理解，為什麼要花時間親自動手去做某些事。但在新冠疫情期間，我看到年輕世代開始對上述動手實作的活動再次產生興趣，這令我非常欣慰。

年輕人（我指的是 99 歲以下的人，當然主要還是十幾歲到二十幾歲的人）需要這些創造性活動幫助他們抒壓。現代人能幾乎即時得知全世界正在發生的事，也比從前的人更清楚知道社會哪裡失衡、哪裡缺乏公義，而我們對待地球的方式又會帶來什麼後果。資訊發達固然有其好處，但假如我們不知如何應對這些負面資訊，又放不下焦慮與執著，造成自己迷失，放棄去做能帶給自己喜樂的事，就會與自己的生命動力脫節，最後也不可能做任何事來改善現況。

當你可以從不同的地方得到原動力，就能與生命做最好的

連結。一片拼圖不是只有一個邊而是有多邊跟其他拼圖相接，實際情況因人而異。本章一開頭提到的安妮後來發現，不再做自己熱愛的事物，或許會動搖身分認同，但有時候，這是我們重新找回平衡的唯一方法。隨著不斷學習與成長，你會逐漸明白，你的原動力與外界的定義無關，而與你如何在日常生活中活出每一天有關。

安妮的故事告訴我們，原動力的源頭必然會隨時間改變。這個過程通常會自然發生。我們本來喜歡做某件事，一段時間之後，發現了更吸引人的東西，於是換成做那件事。人生迂迴曲折，興趣會改變，身體功能也會隨年紀漸長而變化。

當生命真正處於流動狀態，帶來原動力的事物也會隨之改變。有時候，在某處得不到原動力，是因為這個經歷正引導我們去別處探尋。

例如，有位水電工因為意外受傷，被迫提早退休，他非常沮喪，但他後來從園藝找到復原的力量；還有一位電影製作人，在新冠疫情剛爆發時，沒有工作可做，於是他把所有的時間和精力用在當地的庇護所擔任志工。

一開始，他們都以為自己遭遇一場災難，但回頭看才發現那是生命在召喚他們去別處尋找原動力，而他們後來從事的活動，也真的帶來更多活力。因為決意找到自己的原動力、內在的召喚，以及內心真正的渴望，使他們與生命重新連結。

05

與渴望連結

　　要找回生活的原動力，必須能夠說出自己想要什麼。這並不容易，當你從忙亂生活剛開始轉向生命時，可能連知道自己想要什麼都很困難，更何況是具體說出口。

　　你告訴自己，或許是你要的太多了，你心想不應該想要任何東西；又或者你是無法決定自己想要什麼，即使做了決定，也可能覺得很蠢或無法辦到。你也可能因為受過重創，心中仍充滿困惑，於是說服自己，你什麼也不想要。

　　請閉上眼睛，花點時間思索你的渴望，讓自己對你想要做的事產生嚮往，可能是你一直迴避的對話、覺得超過自己能力的工作、人生中某個令你懷念的友誼與快樂時光，甚至是一條好吃的巧克力。

　　首先，讓自己產生欲望。生命透過你流動，透過召喚、嚮

往、渴求，生命本身會產生欲望。你必須先接受這個事實，唯有如此，你的心才會說出最想要的是什麼。

當我閉上眼，我腦中浮現小時候有閱讀障礙、在學校遊戲場被霸凌的自己。我渴望有個新老師、一雙沒有閱讀障礙的眼睛，以及一個可以聊心事的知心朋友。我也有更大志向，例如為別人服務。我希望自己不會被學校的遭遇一輩子絆住，就算現在的情況很糟，我渴望將來一定會慢慢好起來。

我在第一章提到，每天放學後，會從學校走路回到山坡上的家。那條路很陡，約有一英里長。我大老遠就看到阿亞坐在前廊等我。我好想鑽進她的懷裡。我想要躲進她的大披肩裡大哭，把我遭到的排斥和心中的孤獨感發洩出來。在我最傷心的時候，可以被人理解、被愛、被人抱在懷裡。

但山坡上的阿亞沒有向我走來，只是一直看顧著我一路爬上坡。在我經歷過母親、祖母、曾祖母和曾曾祖母的身分之後，我想我知道她當時的感覺：一方面心疼我，一方面非常了解，情況一定會好轉，我最後一定會沒事。在我還不知道的時候，她知道我能撐過去。每一天，當我終於爬上山坡，她會一把抱住我，用她的披肩把我包起來，像哄小寶寶一樣左右搖啊搖。雖然我心裡很苦，但我還有力氣想要她的愛。欲望驅使我努力爬上山坡，投入她的懷裡。那個欲望幫助我度過難關。

假如你現在什麼也沒有，你的欲望能幫助你度過難關。

當你知道自己想要什麼，花點時間與你的原動力連結，即使你覺得你擁有的原動力還不夠多。此時，你可以再次閉上眼睛（不閉也可以），專注在你的呼吸上，誠實面對自己：是什麼力量使你繼續前進？找一件讓你開心的小事，在心中為此感恩，這會為你帶來繼續前行所需的勇氣。然後，勇敢面對這幾個問題：你和你的原動力關係如何？你需要更多的原動力嗎？你能去哪裡或是能做什麼，來取得你的原動力？

　　或許你的內心深處有個聲音在呼喚，要你去做新嘗試。或許你想找一份能給你更多原動力的帶薪工作，或是從你現在的工作中得到更多原動力；或許你的原動力來自家庭；或許你的原動力來源已枯竭，或是你需要更多東西。無論你是誰、你的處境是什麼，我向你保證，只要你尋找，一定可以找到你的原動力。

　　無論你是已經失去你的原動力，還是從來不曾認真想過這件事，你可以現在開始做一件能給你好心情的事，任何事都好。先從小事開始嘗試。想一想使你向前邁進的某個動力，抓住它。或是想一下能帶給你滿足感且在短時間內可以完成的小計畫。動手做些事，清理沙發後面的灰塵或移植一盆植物。請你記住，為了把愛注入行動而把愛注入行動，是什麼感覺。

　　你也能為別人做一些事，像是彩繪石頭、烤餅乾，或是練習唱一首你愛的人喜歡的歌。你甚至不需要先想好對象；只要

你開始行動，需要這個東西的人自然會出現。

　　每個人都能把正能量傳送給別人，心中希望別人得到幸福並祝福他們。這些小事看似微不足道，但能產生驚人效果。

　　我的第一個祕訣核心是找到原動力，因為它是我們每個人的起點。隨著我們的生命流入愈來愈多原動力，它也將是我們的終點。當你了解我的其他祕訣之後，就會明白為何如此。現在你才剛踏上這個旅程，目前你只需要找到原動力。

　　最重要的一點是你要明白，尋找原動力的過程幾乎和找到原動力一樣重要。尋找的過程就是生命在探尋生命動力。即使你現在的原動力並不充沛，但當你渴求更多的原動力，這意味某部分的你記得生命的可能性。它代表你擁有的不只是一顆跳動的心，你還有一個活著的靈魂。

練習

7 步驟找到原動力

1. 首先，把手放在心口，感受手掌的溫度和心臟的跳動。這是你存在的最深處，你的靈魂所在。當你覺得自己偏離生命的方向，就回到這裡。這個簡單動作能讓你重拾力量。

2. 然後問你的心，「你愛的是什麼？」不要只問一次，重複問三次、四次或十次。觀察你的答案如何隨著你一次次提問而改變。

3. 手繼續放在心口上，回想一下你感受到人生意義的時刻。可能是你在工作上取得了成就，或是你和孩子感到親近，抑或你參與志工服務。也可能是一些小事，比如照顧一盆植物、逗小孩咯咯笑，或者完成某個下午的計畫。如果你已經很久沒有這種感覺了，也不用擔心；不一定要是最近的經驗。重點是提醒自己，你是整體的一部分。

4. 然後回想你的童年，想想你最早感到快樂和滿足的回憶。當時你在做什麼？你是怎樣的人？什麼讓你心花怒放？什麼讓你歡欣鼓舞？你可能只想起一個片段或畫面。你的潛意識知道答案，但它可能會用符號或徵兆，白日夢或夢境來告訴你。你不需要強求答案或用你的意識去分析。讓你的潛意識在準備好的時候告訴你，它真的知道。

5. 當你探索記憶時，感受這些記憶附帶的意義。你真正喜歡那件事的哪個部分？為什麼它讓你感覺如此美好？或許你喜歡幫助人，或者你喜歡展現自己。或許你對自己的才能感到驚訝，或你能用有意義的方式讓事情變得更好。

6. 現在，想想你今天的生活。有沒有什麼小事可以讓你有同樣的感覺？想像自己朝著它前進、探索。你可以一步步找到你的原動力。

7. 完成上面步驟後，找一張紙，寫下一個字或畫一個圖，表達你原動力的某個面向。把它放在你經常看到的地方，比如浴室鏡子或冰箱門上，或是放進你隨身攜帶的皮夾或包包裡。這是你的護身符，你的指南針會引導你找到你的原動力。一旦知道心中的渴望，你就會被吸引去實現它。

祕訣二

讓生命動起來

06

感覺卡住了

　　你是否有過人生好像卡住了，無法前進的經驗？卡住你的可能是某個創傷或傷心往事，或是你再也無法像過去一樣滿懷興奮或熱忱，抑或你對工作提不起勁，總想逃離現況。

　　你不知道接下來該做什麼、該改變什麼，也不知道該怎麼打起精神，甚至不知道如何讓自己下床，也不知道該去看哪個專科醫師。

　　原動力應該是流動的，但當你無論多努力，人生卻仍像一潭死水，該怎麼走出困境？當你感覺世界在往前進，自己卻一直停留在原地，該如何自處？當你覺得筋疲力竭，傷心難過到悲痛欲絕，再也無法敞開心胸迎向未來，該如何展開新人生？

　　要回答這些問題，需要先探討，當你感到人生「卡住」了，就身體層面來看，是什麼樣子。

我遇見泰瑞莎時，她剛滿 80 歲，聰明、自我覺察能力也很強。她患有嚴重的腸阻塞，已經好幾個月。曾諮詢過好幾個醫生，試過各種療法，但情況一直沒改善。當她走進我的診間時，看得出來她的身體很不舒服，心情也糟透了。她對我說：「我不想餘生都這樣度過。」

　　我先跟她討論她的飲食狀況，不算好，但也不算太糟。為了解決便祕問題，她的飲食習慣已大幅改善，但腸阻塞的情況並未減輕。接著我試著了解她的飲水和運動情況，同樣是一切正常。

　　我開始轉向比較整體性的一般問題，包括她的情緒、社交圈，以及什麼能帶給她喜樂和意義。在問答過程中，我注意到她似乎愈來愈封閉自己。每當我問完一個問題，她並沒有直接答覆，就只是看著我，略略閉緊嘴巴，彷彿想要知道我有什麼企圖，然後才勉強給出答案。

　　「你晚上睡覺會做夢嗎？你的內心是否正透過夢境告訴你一些事？」

　　「我的夢？這跟我的夢有什麼關係？」泰瑞莎反問，身體向後靠，手臂交疊在胸前，手緊抓住上臂，露出不悅的表情。她的眼神清楚告訴我，她不喜歡我脫離眼前的正題。

　　但在我看來，眼前的問題就是我的正題。討論與消化有關的主題時，飲食、運動和飲水習慣可以提供重要的線索。水很

重要，因為有助分解吃進去的食物，讓身體可以吸收營養素，也有助食物的殘渣排出體外。飲食要多吃原形食物，增加膳食纖維，刺激腸道蠕動，幫助消化吸收和排泄。運動也很重要，可促使血液循環，讓消化系統更順暢。你發現了嗎？我們的身體需要不停地動，才能正常運作。

但從全人觀點來看，泰瑞莎的問題不僅是身體上的，也是心靈上的。我們的消化反映了我們如何看待世界，以及身體如何受影響。我們的想法和情緒也會影響消化，帶來壓力，並干擾器官的運作。所以，即使泰瑞莎不想談論身體以外的話題，我還是想從中取得一些細節，以便深入了解她的情況。

最後，她終於承認，最近覺得心情低落。我問她原因，她緩緩道出她失去了和她關係很親密的人，而且不只一個。在過去一年，她失去了五個重要的親友。她說出這段話時，眼睛望著天花板，然後低下頭，盯著地板，一直沒有直視我的眼睛。

「你有為他們哀悼嗎？」

「我當然有為他們哀悼，我很難過。」

她的回答太過簡化。她好像認為哀悼只是一種反應，而不是一種歷程，就像是自然發生，而不是我們刻意去做的。她的回答透露出一種阻塞感，就像她的腸道一樣。當談到哀悼時，她變得愈來愈緊張。我看得出她的身體對她的情緒有所反應：她變得僵硬，她的表情、姿勢、手勢、聲音都顯示出她的緊

張。她不再把手臂抱在胸前，而是緊握雙手，放在膝蓋上。

在那一刻，我知道我找到切入點了。要了解泰瑞莎如何消化食物，必須先檢視她怎麼消化痛失親友的經歷。

西醫通常不會把身體問題與心理或情緒狀態連結起來。我們受的訓練是把每個器官單獨處理，或是聚焦於習慣性的問題，像是飲食和動作姿勢，而不是詢問患者「你覺得你的心裡積壓了什麼？」或「你的生活中有哪些地方不順利？」

然而，人們通常知道自己的人生哪裡卡住了，當被詢問時也通常能明確指出來。

泰瑞莎的腸道塞住了。但我們的身體放慢速度或完全停止的情況有很多種。例如，一位運動員因為受傷而有一段時間無法活動身體；女性在停經之前，有時月經會變得不規律或甚至完全停止好一陣子。

我們也很容易發現自己在心理層面卡住，原因通常是我們受的創傷。我們有時會覺得思緒好像一直在繞圈子，因為大腦真的有迴路，我們找到了常用的神經路徑，然後就一再套用。

我們似乎在潛意識裡知道，生命應該一直在動。因此，當生命停止動作，即使我們還不知道該如何處理，也會察覺情況不對勁。因此，我的第二個祕訣是讓生命動起來。生命一直在流動，若要與生命動力連結，就必須從內在尋找生命之流。

身體會自主運作，但也需要你做出有意識的活動。有關身

體活動與壽命長度的研究指出，即使每天快走十分鐘，也有可能延長期望壽命。所有的醫生會告訴你，運動對紓解壓力和度過憂鬱時期非常重要，因為運動能使大腦釋放使人快樂的荷爾蒙。此外，運動對於短期和長期的身體健康都有很大的益處。許多研究指出，在一些最長壽的村落，居民將身體活動融入生活中，他們到處行走，而不是使用交通工具。運動對身體健康有益，對心理健康也有益，對人的心情和認知能力有顯著的正向影響。把動態活動納入生活，是很重要的事。

這其中涉及許多因素，但很大程度上，這些科學研究大多很合邏輯。靜止不動會產生壓力，當身體裡有壓力，就會抑制循環、消化和神經系統的運作，使身體更難得到養分。

此外，當我們不釋放情緒，導致能量阻塞，就會破壞淋巴系統，也就是對抗發炎與排出毒素的器官與組織。因此，按摩非常重要，我幾乎每週都會讓人按摩身體。心臟會推動全身的血液循環，但沒有任何器官負責推動淋巴液。當身體活動，淋巴液就跟著流動，當我們不動，它也會跟著不動。

缺少活動也會影響內分泌系統。內分泌系統會製造荷爾蒙，並運送到特定的組織和器官。例如，當腎上腺失衡，我們會陷入恐懼、憤怒、批判和失望的情緒。我們會失去笑容與愛的感覺，而這些感覺能排除阻塞。

憤怒在很大程度上是腎上腺如何回應壓力的問題。充滿正

義感的憤怒，是我們對外來刺激短暫且有限度的反應，顯示腎上腺正在正常運作。但腎上腺長期處於過度活躍反應，通常跟一種感覺卡住且不會消散的憤怒有關，例如怨恨。這可能導致各種健康問題，使身體更快崩潰。寬恕能讓生命再次流動，而怨恨會使生命卡住。由此比喻可知，活動或運動的作用遠遠超過推動血液和淋巴液流動，更可說是一種生活準則，我們應該將它融入生命的每個面向。

這個祕訣與我得到健康幸福的大多數祕訣一樣，以古老的知識為根據。實情是，無論我們覺得自己卡關有多嚴重，生命本身一直在活動。「無常」（在佛教文獻中常被翻譯成 anicca，在印度文獻中常用 anitya 來代表）這個古老概念的重點在於短暫性：生命一直在變化，當我們想要阻止生命流動，就會生出痛苦。

若要轉向生命，就要接受生命給我們的一切。有時候，這意味不試圖去阻止生命的流動。有時候，代表我們應該站起來動一動，這適用於生理、心理和靈性層面。認識動起來的威力這個神聖真理，能幫我們度過任何難關，撐過最難熬的時刻。

一切始於我們意識到，卡住只是我們的錯覺。

07

生命不斷在流動

　　生命不斷在流動、更新、發展，雖然有時難以察覺。我想到了我最愛的地方：亞利桑那州的沙漠。我在這裡生活了超過六十年，比你們大多數人的年紀還要長久。我多次目睹令人屏息的夕陽，天邊粉紅色和橘色交織的餘暉，映照在巨型仙人掌，形成一道道綿延的光影，也觀察到成群的鵪鶉急匆匆地尋找灌木叢掩護，欣賞過梨果仙人掌和蠟燭木花朵盛開的奇妙景象。但對於許多初次造訪的人（或者從未來過的人），這裡似乎只是一片死寂、乏味的土地。他們真是錯得離譜。

　　如果你以為沙漠一片死寂，你一定沒見過雨後的沙漠。在季風季節，每逢午後，烏雲便如約而至，遮蔽了天空。大雨傾盆而下，洗滌了大地，不一會兒，又晴空萬里。陣雨短暫而猛烈，來去匆匆，不留痕跡。這時，沉睡的生態系統驚醒了。它

是有生命的，一直在等待這一刻的到來。仙人掌恢復生氣，吸飽了水分，鳥兒歡鳴不絕，蜥蜴靈活穿梭，鼠類和其他小動物奔跑著尋找水源。這些生物一直都在這裡，只是我們忽略了。

我們的生命動力也是這樣，一直存在、充滿活力、不斷變化，只等著我們發現。

我怎麼敢如此斷言？因為我深信，當我們的能量停止流動，我們就會死亡。這意味無論我們感覺多麼困頓，卡關卡得有多深，只要我們還活著，我們內在就有東西在流動。即使我們靜止不動，我們的身體也是一個充滿變化的世界，總有什麼在變化，就算不是流動得很順暢。只要我們活著，心就在跳動，肺就在呼吸。我們的消化系統也在持續運作，即使速度緩慢。我們的本質就是要移動、處理、釋放。生命的流動，透過我們發生，也存在我們的內在和周遭。

一個簡單的道理貫穿各個層面。人類有情感和靈性，但如果只專注在困住我們的東西（不管是思想、情緒、身分、病痛、觀點，還是某個人），我們就無法成長茁壯，因為困境裡沒有生命的活力。

當我們認同「活著就要動」的道理，就能感受到身體的本能。我們的器官、組織和體液都是為了動而存在的，能量也是如此。這不僅體現在我們能看到的面向，例如流汗、消化和其他生理功能，也體現在我們看不到的層面。

孩子們深知這個道理，這就是他們總是活蹦亂跳的原因。我從不阻止孩子們玩鬧，一來我做不到，二來我認為那沒什麼錯。我從不要求孩子們安靜。活蹦亂跳對我們有好處，代表生命正在透過我們發生，也在我們的四周發生，促進我們的淋巴液循環、潤滑我們的關節，放鬆我們的肌肉。

　　當身體充滿歡樂，我們自然就會活動起來，四處走動，而動起來又會讓我們感到更喜樂。快走對腦非常有利，我們的大腦不喜歡我們久坐不動。

　　數千年來，東方世界一直在微觀層面探索能量流動的奧祕。中醫認為，人體的能量會透過經絡循環，滋養各個器官。在穴位施以針灸、指壓和艾灸，可以疏通經絡，激發能量，促進氣血與能量暢通。

　　在 1970 年代，比爾和我是最早在對抗療法中嘗試採用針灸療法的人。針灸是一門源遠流長的科學，但在不久前才廣為西方醫學認識。西醫嘲笑中國人用針刺入人體的做法，把它跟放血和其他過時的對抗醫療方法相提並論。他們缺乏好奇心，不願了解中醫的原理和方法，有的是因為無法想像這種治療方式，有的是因為思想僵化，成見太深。比爾和我曾經出版過一份通訊刊物《健康之道》（*Pathways to Health*）。有一次，我們收到了一封讀者來信，讓我對針灸有了更深的認識。這位讀者說，他為了治療頸部問題接受針灸，卻意外改善了腳踝的另一

個症狀。他想知道這是怎麼發生的。

在那個時代，我們沒有 Google 這樣的搜尋引擎，也沒有線上論壇可以尋求建議，或是任何一個適合發問這種問題的平台。我們每個月出版一份探討自然與整合醫學的小型刊物，郵寄給全球的讀者。比爾和我還在跟其他人一起學習，我們也不明白為什麼在頸部針灸會對病患的腳踝產生影響。我們直接刊登了他的來信，希望有人能夠解答這個疑惑。沒想到，一位住在義大利的醫生回信給我們，說明了那兩個部位是位於同一條經絡。

我當時對經絡的觀念一無所知，於是開始用最直接的方式蒐集資訊：閱讀各種資料和詢問各方人士。我學得愈多，這個觀念就顯得愈合理。但我能從附近地區或郵件取得的資訊十分有限，於是我決定主動徵求資訊。1973 年，比爾和我在史丹佛大學舉辦美國首次的針灸座談會，邀請全球針灸領域的權威人士參加。當時美國總統尼克森剛訪問過中國，親眼目睹了一場不用麻醉、只靠針灸控制疼痛的闌尾切除手術。尼克森總統的私人醫師保羅・懷特（Paul Dudley White）也參加了這場座談會，與會的還有其他 280 位醫學博士。比爾和我是西醫界最早推動針灸研究的人士之一，我們開始舉辦研討會，廣邀中國和世界各地的專家來擔任講者。不久之後，我開始用針灸治療患者，並對針灸的迅速效果感到驚嘆。

在剛學習針灸療法時，我曾幫一位少女順利生產。她非常恐懼分娩的過程，卻又沒有親友陪在身邊。每當感受到陣痛，她就會大哭，她知道陣痛會愈來愈強烈，對接下來可能發生的事充滿恐懼。我很心疼她，也擔心寶寶會在這樣負面情緒中誕生。我一直主張在愛的環境中分娩，但我也不怪她對疼痛如此恐懼。我相信她和她的寶寶值得擁有更美好的經歷。

我問這位產婦，是否願意嘗試針灸。她雖然有些猶豫，但還是答應了。我在有助分娩的穴位上施針，然後坐在她身邊安撫她。沒過多久，她的眼淚止住了，呼吸也變得深沉，因為她的身體放鬆了。幾分鐘後，我驚訝地發現她竟然睡著了！每次陣痛時她會醒過來，但在每次陣痛之間她都在睡覺，這樣持續了數小時。她透過經絡與生命之流相連，她的能量開始流動，讓她能夠將注意力轉移到疼痛和恐懼之外的事物上。

生命是一股不息的動能。只要留心，就能感受到。生命在經絡中流動，在心跳中流動。只要放寬視野，就能體會到。

我們可以將生命的流動比喻為森林中的溪水。一棵樹倒下，擋住溪流，形成一道小堤壩。然後，有些樹枝隨流而下，與這棵倒塌的樹形成一道更高的堤壩。堤壩下游的溪水或許會減緩許多，但通常不會乾涸。即使下游的水看似被完全截斷，水也會在堤壩中不斷積聚，當水位不斷上升，最終會從堤壩兩側溢出，然後繼續向下游奔流。如果只看到堤壩和它截留的水

池，我們可能會以為水流停止了，但水一直在流動。

生命會探尋生命動力，這是不變的真理。這意味著當感到困頓，無論是身體、心靈、處境或其他方面被卡住，我們只要找出自己哪個部分還有活力。當我們把注意力和能量集中在那個部分，水流就會從堤壩兩側湧出。找到這股水流，就能夠與生命重新連結。

然後，我們可以振作起來，重新活過來。接下來，就只需要堅持不懈地向前邁進。現在有許多人都使用計步器來記錄每日行走的步數，並設定達成目標。我也有個計步器。在新冠疫情封城期間，我為自己設定一個目標，每天要走 3,700 步。有時候，我只是在廚房走來走去，就完成目標。解封後，我仍然保持這個習慣，最近，我把目標提升到 3,800 步！我很幸運，家裡有很多我從世界各地旅行帶回來的紀念品。我一邊走路，一邊欣賞這些寶物，回憶去過的風景和認識的人。牆上展示架陳列著我從山中或海邊撿來的石頭和貝殼，牆上也掛著家人照片：父母在 1930 年代的模樣；我自己在 1940 年代的樣子；我最小的兩個孩子在 1960 年代為家庭聖誕卡拍的照片；我的女兒安娜莉亞在 1970 年代為高中畢業紀念冊拍的照片，她在四十年後離開了人世。我還能看到水晶、風鈴，以及過去幾十年來許多病人和朋友送我的小禮物，還有我從這個漫長而有意義的職涯獲得的獎項。那時雖然長時間待在家中，但我並

不覺得自己被困住了。

　　這看似簡單，實則有挑戰，尤其是在我們的身體已經適應了靜態生活方式，或當身體變得脆弱、受到傷害，或情緒不佳的時候，更加不容易。

—— 08 ——

動起來，人生就會好起來

在嬰兒潮時期，尚未有個專業術語來描述年輕母親在分娩後，身心狀況與自我認同所發生的普遍改變，也就是現代所稱的產後憂鬱症。我和比爾婚後在俄亥俄河畔的一個小鎮定居，在那裡罹患產後憂鬱症的婦女很多，只是當時人們還不知道這個名詞。

小鎮缺乏就業機會。大部分居民收入微薄，教育程度不高。由於經濟不活絡，女性的工作選擇就更有限了。許多年輕女性遵循社會期待，扮演世俗認定的角色。她們通常嫁給高中時期結識的男友，婚後馬上懷孕，在短時間內生育多個子女，因為當時還沒有合法的避孕藥。社會風俗普遍認為，已婚女性就應該生子持家。

我不曉得瑪莉亞是否願意這樣做，我想，她自己也不清

楚。瑪莉亞因頭痛來到我的診間。因為頭痛的關係，她大多數時間只能躺在沙發。她帶著兩個年幼的孩子一起來，一個背著，孩子深色捲髮跟著瑪莉亞的安撫搖晃而跳動，明亮的眼睛一直盯著窗外看；另一個則在地上爬，四處探索，讓我想起小時候的自己。

我先詢問她的生活狀況，她說自己喜歡看時尚雜誌，總是幻想著過另一種人生。親友和同學也都住在附近，大家的生活都差不多，但彼此很少聯絡，漸漸也就不再往來。

「我就是起不來，」她說，「好像有什麼壓著我，每天下午兩、三點頭痛就會發作。我必須強迫自己起來，整理家務，煮晚餐，等先生回家吃飯。」在桌下爬的女兒，這時候突然坐起來，頭撞到桌子，開始嚎啕大哭。結果弟弟也跟著哭了。

瑪莉亞安撫兒子，我則幫忙抱起那個小女孩，整個診間充滿小孩的哭聲。我有四個小孩，所以我很理解，不會不耐煩。我看著快崩潰的瑪莉亞，她睜大眼睛，勉強笑了笑。「乖，不要哭，沒事了。」她小聲地說，毫無說服力，臉上盡是年輕父母的絕望。終於兩個孩子不哭了，這時瑪莉亞開始掉淚。

她看著我，眼睛和兒子一樣深邃，眼眶卻含著淚。

「你會不會覺得我是個糟糕的母親？」

我不覺得瑪莉亞是個糟糕母親，她只是有憂鬱症。我問她：「你躺在沙發上時，孩子們在做什麼？」

「你知道的，小孩子就是這樣，會指著書上圖畫，自言自語，會抱著泰迪熊，按玩具的按鈕，看有什麼跳出來。」

「你有沒有做點什麼？」

「沒有。」

「真的嗎？」

我用堤壩和水流的比喻，解釋她的狀況，還告訴她雨後沙漠的美景。最後，我對她說，她其實正以某種方式在動，而她必須意識到這點。

「我想提醒你，你還是有在動。至少，你還在呼吸，也能翻雜誌。你只要抓住這個動能，跟著它走。」

瑪莉亞困惑地看著我說：「你的意思是，我要翻雜誌翻快一點嗎？」

「不是，我是指，當你翻頁時，讓整隻手臂動起來。把翻頁的小動作，變成運用手臂和肩膀的大動作。運用那個動能站起來，在家裡走走，看看窗外。你可能會看到一隻蝴蝶，於是你想跟著牠走，或是你會看到院子裡的銀蓮花，你想去摘它。不要只是坐在沙發上，一動也不動。到了某個時點，你的心思會跟著你的身體走。你會發現美麗或激勵你的事物，然後你會重新連結那生命之光。」

瑪莉亞繼續安撫兒子，同時眯起眼睛，顯得有些懷疑。「你看到你是怎麼用晃動來安撫兒子嗎？」我問她，她點點

頭。「瑪莉亞，你也要晃動自己的身體，你和他一樣需要這個安撫動作。即使你沒辦法從沙發爬起來，還是可以試著坐起來，花一分鐘抖動身體，就從這裡開始。」

坐在我腿上的小女孩此時脫掉一隻鞋子和襪子，看著自己的腳趾頭。我彎下腰，抓住她的大腳趾說，「這隻小豬去市場……」她開心地尖叫。然後，我用手指輕輕抓住她的第二根趾頭，一直數到小趾頭，「這隻小豬待在家，這隻小豬吃烤牛肉，這隻小豬什麼也沒有，這隻小豬一路叫著回家。」然後我搔她的癢，她扭動身體掙扎，我們一起咯咯笑。

我再看瑪莉亞，她微笑著，眼神卻還是困惑。

「當媽媽並不容易，」我輕聲地說。她點點頭，眼淚又流下來了。

「但你和孩子們一樣，需要這些傻氣的遊戲。你要和他們一起笑，抱抱他們，和他們一起動。這不只是好媽媽該做的，更是讓你活下去的方法。你要讓自己傻笑，然後跟著這股動態動起來。否則，你的人生就只剩髒尿布了。」我把椅子拉近，擁抱她，小孩夾在我們中間。瑪莉亞哭得更激動了。

我知道瑪莉亞當時處於絕望的狀態，因此，當我得知我提供的方法真的讓她走出谷底時，我和所有人一樣感到驚喜。

幾個月後，我再次見到瑪莉亞。她真的動起來，開始重拾生命動力。她和一位表姊常帶孩子去遊戲場玩。她們會幫孩子

推鞦韆，有時自己也玩，然後彼此分享當媽媽的辛酸。後來，瑪莉亞開始在廚房餐桌上畫服裝設計圖，發揮她的創意。她找到了當媽媽的方式。

現在如果再遇到像瑪莉亞這樣的年輕媽媽，我可能會提供不同的資源。我或許會建議她去找心理師諮商，或是用精神科藥物治療憂鬱症。如果她的頭痛是偏頭痛或叢發性頭痛，藥物也許能幫她。她也可以去健身房運動，刺激腦內啡的分泌，而不是只在家裡走動或外出散步。但即使現在有更多資源，我們還是要先動起來，才能去取得那些資源。我們要喚醒生命動力，才有力量去尋求協助。不管你信不信，在家裡走動或是和孩子玩「這隻小豬」遊戲，一定比坐在沙發上一動也不動好。

憂鬱會無聲無息地傷害我們。它就像病毒，悄悄入侵，等我們發現時，已經被它控制了，感到束手無策。如果發生這種情況，我們需要找到一些簡單的方法，重新連結生命。

當我們陷入憂鬱，動起來可能很難。當我們承受巨大的痛苦，動起來也很難。憂鬱的心理痛苦和身體的疼痛很像，而緩解疼痛的方法通常是讓身體動起來，雖然這並不容易。

我的另一個病人叫蘇西，她有類風濕關節炎，每天都痛不欲生。當她發現自己懷孕時，非常興奮，但我擔心她的痛苦會加重，尤其是生產時。她的關節本來就處於發炎狀態，懷孕會增加關節壓力，荷爾蒙的分泌也會使關節炎惡化。生產時，荷

爾蒙和壓力都會急劇上升。我知道產痛是女性最強烈的疼痛，對有類風濕關節炎的人更是如此。

蘇西不願意用任何方式緩解產痛，連用藥都拒絕。我不明白她是如何做到的，但我很為她擔心。我陪伴著蘇西完成了分娩的過程。她和其他產婦一樣，承受了難以想像的疼痛，她的疼痛甚至超過大多數產婦。但女性在生產時會擁有獨特的智慧，她會知道該怎麼做。我親眼見證人類的一個原始本能，看到一位長期飽受疼痛的女性，竟然能夠隨著疼痛而動，這讓我非常敬佩。她不再抗拒疼痛，而是全然接受疼痛。

每次陣痛來襲，她的全身都屈服於疼痛。我看著她的動作逐漸形成一種節奏，彷彿在跳一支舞。她赤腳在房間裡緩緩旋轉，像古代充滿智慧的女神搖擺著臀部。我永遠不會忘記，這位驚人的女性如何用舞蹈抵抗產痛，用與疼痛共舞的方式，迎接她的女兒來到這個世界。

她的疼痛是真實的，但她沒有被疼痛困住，而是讓它流過。她用這種方式迎接巨大的喜悅，在充滿愛的健康分娩中，把孩子帶到這個世界，讓短暫的疼痛轉化成超然的喜悅。

我目瞪口呆地站在那裡，驚訝不已。我見證過無數次的生產過程，但這個奇蹟仍然讓我震撼。蘇西發現了一個超越自己的存在，這是一種源遠流長的智慧。

科學研究顯示，適度的活動可以減輕多種慢性疼痛。活動

可以讓我們的關節保持靈活和健康，防止肌肉萎縮，增強韌帶和骨骼的支撐力，還可以改善血液循環，以及轉移我們的注意力，不再沉浸在疼痛中。

當我們陷入痛苦中，該如何動起來？其實答案很簡單，卻與我們的直覺相反：任何方式都行。當然，有些情況是例外，例如脊椎受傷或骨折剛接好的時候。但在大部分的情況下，適度的活動是可行的，即使有時候我們必須把疼痛的部位固定住。憂鬱會讓我們的痛苦更加難以承受，活動可以緩解憂鬱。

恐懼是我們不願意用活動來應對疼痛的主要障礙之一：我們怕更痛。然而，生命本身就是動態的，生命中總有某些部分在動。如果你感受到很強烈的痛苦，可以嘗試深呼吸，感受呼吸如何帶動你的腹部和胸部。隨著呼吸的節奏，讓你的身體起伏，逐漸增加幅度，你可能會發現，疼痛會隨著你的動作而變化，某種動作可以讓疼痛減輕。你甚至可能發現，你開始想要站起來，讓動作更大一些。順著這股力量，看看會發生什麼。誰知道呢？或許你會忍不住跳起舞來。

如果你有慢性疼痛，養成習慣用活動來克服疼痛，可幫助你減輕不適；如果你有憂鬱傾向，也可以學習在情緒低落時，讓自己動起來。

有時候，我們的痛苦是生理因素所致：可能是曾經受傷，或是遺傳了某種會引發情緒失衡的神經化學反應。但有些時

候，我們的停滯不前是過去經歷造成的。因此，我們接下來要
探討羞愧的作用，這是一種最容易讓我們喪失活力的情緒。

09

總是想起那件丟臉的事

　　羞愧是最難以釋懷的情感之一，許多人一輩子都深受折磨，因為這種感覺往往根植於過去深遠的記憶。那些出糗、丟臉、令人尷尬的時刻，即便我們努力忘卻，卻仍會不期然地在腦中浮現。羞愧感不僅重壓我們的心靈，也消耗我們前行的能量，是一種最耗費生命動力的情感。

　　每個人都有過尷尬難堪的經歷。不知為何，我經常在台上跌倒。這是很丟臉的事，但它就是發生了！即使是現在，想起那些片段還是會讓我有點揪心，但我已經學會把羞愧感轉化成幽默感。幽默有化解尷尬的魔力。

　　我第一次在眾人面前跌倒，是在讀小學的時候。當時我擔任學校話劇《躍過池塘的青蛙》（*The Frog Jumped over the Pool*）的主角，這讓我感到非常驕傲。我穿著綠色的戲服，準備好要

演出劇中最精采的一幕：英勇的跳過一個裝滿水的盆子。觀眾屏息以待。但當我向前跳時，出了意外，我先聽到水花濺起的聲音，然後感覺到渾身溼透了。我坐在盆子裡，現場觀眾哄堂大笑，綠色顏料從我的青蛙裝流到水裡。我覺得自己丟盡了臉，激動的號啕大哭。

回到家後，我的哥哥和弟弟在晚餐時把我在學校丟臉的事說了出來。母親沒有制止他們大笑，但決定來個機會教育。她等到他們笑完，才開口說，「好了，孩子們，我知道你們覺得這件事很有趣，現在我們來想想，做為家人，我們可以為格拉迪絲做些什麼，幫助她在下次覺得很丟臉的時候，讓其他人跟著她一起開懷大笑，而不是嘲笑她？」她充滿愛與同情的說出這些話，為了化解我的尷尬，也為了讓我們看清那個情境真正的可笑之處。她沒有因為我哭泣而責備我，也沒有因為我的哥哥和弟弟嘲笑我而責備他們。

事實上，她的問題已經蘊含了答案。當我們放下掉進水裡的羞愧，我們會意識到一個大家都明白的事實：去看名為《躍過池塘的青蛙》的戲劇表演時，結果卻看到那隻青蛙掉進水盆裡，這本來就是很好笑的事。如果我們讓尷尬的感覺流動，它往往會變成別的東西。在這個例子中，它變成了幽默。

這個兒時體驗，一再幫助我度過難堪時刻，因為我後來又當眾跌倒好幾次。

上大學的時候，我選修了「公開演說入門」課。每個學生必須上台向其他人自我介紹。我當時很緊張，因為我和其他女生很不一樣，我剛從印度移居到俄亥俄州。當我走上講台要自我介紹時，我的腳步一時不穩，結果整個人跌坐在地上。在我的屁股落地之前，我聽見了兩個聲音：我的頭撞到講台，以及我的裙子裂開了，一路裂到膝蓋上方，這在當時有傷風敗俗之嫌。我想起兒時那次經驗，立刻站起來，以幽默取代尷尬。趁著所有人還在驚嚇當中，我鎮定的說，「演講者要做的第一件事，就是吸引聽眾的注意。我名叫格拉迪絲・泰勒，希望你們喜歡這個表演！」所有的人哈哈大笑，我也是。

理解「生命需要動起來」的道理就像是這樣：當我們意識到自己失敗時，學會放下，並從中尋找其他可能的收穫。在上述情境中，當拋下犯錯的尷尬，我在那個情境中找到了幽默。那個幽默讓我的心情一掃陰霾。假如我讓自己陷在羞愧與尷尬裡，我不可能找到那份幽默。我必須先原諒自己犯的錯，我的能量才會開始流動。

這就是我母親想教給我的事。當我坐在水盆裡哭泣時，我不是因為跌下來而哭，我是個活潑的孩子，一天到晚跌倒。我哭是因為我覺得我不該跌下來，並因此感到羞愧。請回想一下前一章的瑪莉亞和蘇西，在舞台上的我被困在羞愧裡，就像瑪莉亞對自己不是個好母親感到憂慮，這也凸顯了蘇西在分娩

時選擇放下的事：沒有坐在那裡為關節炎和產痛擔憂，也沒有對自己的處境感到特別焦慮，要是放不下這些情緒，她就無法專注在她的任務，把孩子生下來。她選擇讓身體動起來，讓生命與愛（甚至是歡笑）流經她的全身。

我的母親教會我，歡笑帶來長壽，別讓任何事使我苦惱。在感到羞愧時，要自己先大笑起來，因為大笑有種神祕力量，能突破傷人的事物。大笑對人體也有重要作用，能降低腎上腺素的分泌。橫隔膜在腎上腺上方，而腎上腺對我們控制壓力反應與情緒調節，包括恐懼、憤怒、冷漠、仇恨等，有巨大影響。我們大笑時，會讓橫隔膜收縮與放鬆，就像在對腎上腺搔癢一樣。它說，「嘿，你好，你覺得有壓力或覺得難過嗎？你想放下什麼嗎？」根據我的經驗，腎上腺通常非常樂於放鬆與放下。

羞愧是人類最執著的情緒。母親讓我明白，我不需要困在丟臉的感覺裡，我能找到一種正在流動的情緒，順著那個情緒擺脫羞愧。

假如你覺得羞愧與尷尬會隨著年老而消失，那你就錯了！即使活到了 102 歲，我仍然會遇到需要放下羞愧感的情況。

在 99 歲生日那天，我當時還自己開車，到一家超市去買東西。我買完東西，走到車子旁邊，用 99 歲的老太太該有的緩慢方式提起購物袋。我猜這個舉動有點引人注目，因為此時

一位年長的男士走過來，想要幫我。

「你需要幫忙嗎？」他問我。

「哦，謝謝你，不需要。」我說。

「別客氣，我能幫你。我看起來雖然老，但我很有力氣。我86歲了！」他自豪的說。

不知道為什麼，他的話觸怒了我。我聽見自己很沒禮貌的回嘴說：「嗯，我告訴你，我已經99歲了！」我用挑戰的眼神盯著他看。

他有點被我的反應嚇到，用溫和的語氣說了一些話，然後就走開了。我關上後車門，坐進駕駛座，對自己生氣。我為什麼要講那些令人不快的話？我為什麼覺得我必須跟他競爭？他只是想幫忙！「格拉迪絲，你變成一個討人厭的老太太了。」我的心裡這麼想，氣到無法發動引擎。

然後我心想，把這個情況當成好笑的事來看，會怎麼樣？然後我立刻看見了一個畫面：兩個老人在超市的停車場吵架。太好笑了！一個老太太把一個86歲的老先生當成狂妄自大的年輕人來對待，這也很好笑！我每回想一次，那個場面就愈像情境喜劇的某一幕：兩個脾氣暴躁的年長者在搶奪一袋雜貨。我坐在車子裡，給我的腎上腺搔癢，笑到肚子痛。那個情境變得荒謬到再也尷尬不起來了。我拋下羞愧和懊惱的感覺，哈哈大笑，然後放下了這件事。

下次當你發現自己做了丟臉的事，我鼓勵你試著把那件事想成好笑的事。或許，你犯的錯其實蘊含了幽默的成分？有沒有哪個地方令你感到驚訝、傻氣或是荒謬？旁觀者會怎麼看這件事？他們為何可能會因此發笑？你會驚訝的發現，只要你開始尋找，通常能找到幽默的解讀方式。

這個技巧能輕鬆化解上述這類小事件。然而，令我們耿耿於懷的，還有那些人生中令我們感到後悔不已的重大決定，包括破裂的關係、錯誤的理財投資、愈走愈偏的職業選擇等等。我們要如何拋下過去所做的重要決定留給我們的遺憾或悔恨？讓自己動起來，也包括原諒自己過去不知道或不懂事的部分。

—— 10 ——

不重要的都放下

在我們一生中，常會被某些想法或某個事件困住。當真正的挑戰降臨，值得我們深思熟慮時，雖然我們已全然投入於克服這些難題，但有時卻發現自己在這個過程中停滯不前，無論多努力，就是無法繼續前進。

「放下過去並向前邁進」與「堅決否認下陷入膠著」之間，存在著微妙的差異。我相信每個人內心都明白這一點。當事情受阻時，大多數人都能夠感受到那種停滯感。這時我們會陷入苦思，反覆思考同一問題，甚至用一段記憶殘影不斷折磨自己。當我們珍愛的事物，無論是一段關係、一份工作或是某個計畫無疾而終時，我們常發現自己花時間在哀悼我們不再擁有的東西，不願走出去展開新的嘗試。當這種情況發生時，通常意味著我們需要放下了。我們必須檢視什麼對自己已無意

義，然後放手吧。

大多數人也知道，當遇到一些對我們毫無益處的事物時，那是什麼樣的感覺。對生活保持開放，有時意味著要遠離那些對我們沒有好處的東西。我們可以溫和但堅定的說，「不，謝謝你。」然後繼續我們的生活。

我的母親對這個道理有非常深刻的體會。有一天，我和瑪格麗特發現，我們在說話時，都會做出一個有趣的動作。舉起雙手，手指微微張開，手掌向上，然後把雙手向下甩，就像把花瓣灑在腳下的河流裡。

這是怎麼一回事？我們是從哪裡學到的？

我們看著彼此，異口同聲地說：「母親就是這麼做的。」我的母親會一邊做這個動作，一邊說「kutch par wa nay」，這是印度斯坦語，意思是「這並不重要」。母親用這種方式教導我們，把不重要的事情放下。對她來說，這已是一種自然反應，幫助她克服一生中許多重大挑戰，讓她不受那些不重要的事物影響。把行不通的事物，統統拋下，重新聚焦在對自己重要的事，然後繼續前進。母親對人從不會不耐煩或冷漠，她有滿滿的愛心。她認為自己在這個世上有重要的使命要完成，而那個習慣動作讓她能夠堅持下去。

我發現這個做法對我也非常有用。當發現某件事對我沒有益處，我會把手指張開，手向下甩，代表我將它拋下了。現

在，這個手勢變成刻意動作。每當注意到有件事迎面而來，我能選擇要不要讓它進入我的生命，明白這個道理，給了我很大的力量。假如這不是我要的，我會刻意把這股能量退回去，不會緊緊抓在手中。宇宙一直在轉動，我把它送回宇宙之流，就像把花瓣灑在河水裡一樣。

當我遇到需要轉化情緒時，也會使用這個方法，對於處理後悔這個情緒特別管用。

我在人生中曾做過許多讓自己後悔的決定，這也代表我有很多機會學習原諒自己。我曾後悔說了某些話、傷害了某些人，也對過去曾有的某些看法感到後悔。但我絕不會緊緊抓住那些後悔的感覺不放。

過去一個世紀以來，我知道的事情隨著年齡的增長變得愈來愈豐富，我希望你也會隨著時光流逝而增長，並在你的一生持續增長。我的意見也會變。人只要活著，就會這樣。

有些事昨是今非。無論你今天對自己的看法多有信心，假如你活了超過一百年，我很確定你將來一定會反對現在的某些想法和意見！

讓我最後悔的一件事與工作有關，有數百位被我照顧過的女性和孩童，在他們一生中最脆弱的時刻，受此影響。在我接受接生訓練的年代，醫學界普遍看法是讓產婦接受所謂的「暮光麻醉」來避免產痛。由於產婦無法用力把寶寶推出來，醫生

必須用鉗子把寶寶取出來。

我最大的兩個孩子也是這樣誕生的。我也用鉗子幫助許多寶寶出生，到後來甚至做得相當得心應手。我這麼做，是因為我得知的資訊：數千年來，所有女性必須經歷劇烈的產痛，才能生下孩子，這是上天賜下的禮物。在當時，這似乎是充滿愛心、以女性為中心的觀點。現在，我認為用這種方式迎接寶寶降臨這個世界，是很殘忍的做法。根本沒必要這麼做。

現在，當產婦希望在生產過程中用止痛藥，我會順從她們的意願。但我認為，告訴產婦，她們無法靠自己的力量生產，是大錯特錯。經歷生產過程，是非常重要且有意義的事，無論產婦最後是否使用介入措施，我絕對不建議用藥物讓她們失去意識。把寶寶從頭部拉出母體，對寶寶會造成很大的傷害。

回顧過往，我可以責備自己用這種方式為產婦接生，也可以責備自己，讓我最大的兩個孩子以這種方式出生。讓我後悔的，不只有生孩子的方式，還有我餵孩子吃當時我以為有益健康的食物。過去抱持的某些意見，現在我覺得很糟；過去說過的一些話，現在我希望從沒說出口。

我可以因為這些事而自責，但也可以告訴自己，「這些並不重要」。在取得正確資訊後，我就改變了我的行為。我選擇不帶著後悔地活下去，我的每個決定，出發點是愛，採用當時我所知道的最好方法來做。

許多人都有悔恨的時候，問題是，我們該後悔多久？

住在俄亥俄州小鎮的時候，我曾經幫助一個父親，他差點害死自己的寶寶。馬修約 20 歲，他的太太康妮更年輕。康妮懷孕期間找我做產檢，我知道她的預產期快到了。在那個地方，居民習慣產婦陣痛很長一段時間後才通知醫生，而我又花了一段時間才趕到康妮的家。

那段期間我非常忙碌。比爾和我在開業時，當地只有六位全科醫生，但有四位醫生陸續退休。後來，比爾在韓戰期間又到軍中服役，於是只剩下我一個人照顧近九千位居民，而我還要照顧自己的四個年幼孩子。馬修打電話來時，我正在治療另一位患者。我花了一個小時才結束手邊的工作，然後前往康妮在山丘上的家。

來應門的馬修顯得非常驚慌。「麥加莉醫師，康妮已經把孩子生下來了，但她一直在大量流血。」

「誰在流血？康妮還是寶寶？」我問，急忙取下手套和帽子，提著醫生包往走廊盡頭衝。

「她們兩個人都在流血，」他的臉色很蒼白，「但我擔心的是寶寶。我剪斷臍帶，結果血就噴了出來。」

我推開臥室的門，看見康妮臉色蒼白，露出非常害怕的表情，懷裡抱著一團東西。床單上血跡斑斑，還有一把剪刀放在床頭櫃上。我伸手去抱寶寶，看見包住寶寶的毯子已被染紅。

當我把毯子打開時，現場一片安靜。我看到寶寶的小肚子上全是血，血真的是用噴的，因為臍帶是貼著肚子的皮膚剪開。這個新生兒和她的父母一樣死寂，這個景象使我脊背發涼。

一般剪臍帶之前，要在離肚臍一、兩吋的地方把臍帶夾起來，將臍動脈閉鎖。胎兒一直是透過臍動脈獲得血液。肚臍上那一段臍帶會殘留幾天，最後自然脫落。在任何情況下，我們都不需要立刻剪斷臍帶。

小嬰兒已失血過多，此時分秒必爭。我從醫生包裡拿出一套止血鉗消毒。馬修和康妮抱住彼此，緊張得急促喘氣。我跪在床邊，在小嬰兒肚子上尋找臍動脈，它在很深的地方。當止血鉗碰觸到傷口時，她開始聲嘶力竭的尖叫。但後來她停止尖叫，這讓我更加擔心。她失血過多變得虛弱，已經沒有力氣哭了。我花了幾分鐘，找到臍動脈，那短短幾分鐘非常煎熬。我抓住臍動脈，夾住它，救了她一命。

後來，馬修向我道歉，我立刻制止並對他說：「馬修，你已盡了全力。不要浪費任何力氣在這件失誤上。你的太太和孩子現在非常需要你。這是個意外。你當然不知道該怎麼辦。為了你無能為力的事責怪自己，是沒有意義的。放下吧，你的女兒活下來了，她一定會很好的。」

接下來幾年，我們一直有聯繫，那個孩子後來一切安好。

多年來，我一直會想到馬修，那個在山丘上的家為自己的

孩子接生、被嚇壞的年輕爸爸。我衷心盼望那個錯誤不會成為他的陰影，因為我真心相信：為了我們無能為力的事一再責怪自己，是沒有意義的。最佳對策是放下，然後向前走。

我不知道你犯過什麼錯，但這些話同樣適用於你：運用你當下擁有的，盡力而為。如果你心中有遺憾，不妨深入探尋，看看有哪個部分在流動。那件事的結局是否美好？若是，則心懷感激。其中是否有可笑之處？若有，就開懷大笑。在那之後，你是否有所學習？若有，就運用你所學。用一切可能的方式，放下遺憾（原諒自己，必要時尋求他人諒解），這樣你的人生才能繼續前進。

有時候你會發現，一個小小的舉動（比如對自己說「這並不重要」）可以讓一切變得不同。不過，有時候，我們之所以困在後悔、痛苦或是我們以為的關卡，是因為我們體內有某個需要移除的阻塞。

─── 11 ───

移除阻礙，重獲自由

無論是我們的生命或健康，有時只有在排除阻礙後，才能治癒。當遇到這種情況，我們通常心裡有數，必須做出改變，可能是調整飲食、放下某段關係，或改變生活方式。

很多時候，阻礙療癒的是信念。以香緹為例，她決定自然產，不採用任何介入方式。她靈修多年，想靠冥想練習為生產做準備，卻忽略我和助產士芭芭拉‧布朗（Barbara Brown）建議的產婦運動。當她分娩時子宮頸只開一公分就停止擴張，子宮頸開得不夠大，根本不能用力推。待產數小時後，我擔心她沒足夠體力分娩。

香緹既不接受醫療介入，也不接受我們提出的建議。她的性格強烈，堅持按自己的想法行事。我覺得她的心態和她的子宮頸一樣，不願意打開。我想盡辦法幫她，但眼前情況讓我很

沮喪，我走出待產室，試圖讓自己冷靜，芭芭拉則在裡面陪她。我在屋外走來走去，不敢走遠，怕有緊急情況。我思索著香緹的生命正往何處流動？我該怎麼做才能幫助她？

此時，芭芭拉想出了一個我沒想到的方法。她記得香緹喜歡在靈修時唱歌，就建議她們一起唱。我在走廊聽到她們唱著，「打開蓮花，蓮花打開……」。芭芭拉找到了讓香緹心態開放的方式。她發現問題所在：不僅是身體要努力，靈性也要努力。芭芭拉不把焦點放在困難的地方，而是讓能量在靈性層面上流動，結果，香緹的子宮頸真的開了。但子宮頸全開後，香緹還是無法用力。於是芭芭拉開始吟唱，「出來，出來」，香緹用了幾次力，嬰兒的臉就露出來了。香緹產下一個健康的小寶寶。她按自己的意願生產，沒有用任何醫學介入手段。

當發現自己卡住，試著找出繞過堤壩的細流，有助你走出困境。以香緹來說，那細流就是她熱愛的靈性吟唱。吟唱使情況轉變。她在轉變中獲得動能，讓原本棘手的問題迎刃而解。

但有時候，我們需要做出巨大改變，才能移除阻礙。好友伊莉莎白・庫伯勒・羅斯（Elisabeth Kubler-Ross）為了理想努力奮戰多年，最後，她認清現實，選擇不再與當地居民抗爭，從美國東岸遷居到西岸，在新環境實現了自己多年來的夢想。

伊莉莎白是我多年的同事，我們有著相似的背景。她出生於瑞士，是最早探索悲傷主題的人，曾於 1969 年出版了一本

開創性的暢銷書《論死亡與臨終》（*On Death and Dying*），至今仍是重要著作。伊莉莎白在書中提出了悲傷的五個階段，這是我們面對悲傷時會經歷的五個不連續的階段。

在 1980 年代，愛滋病患者面臨極度的痛苦與死亡風險，伊莉莎白深感同情。那時，社會強烈歧視愛滋病，因為許多感染者是同性戀。但在愛滋病爆發初期，也有很多孩子染上愛滋病，感染途徑包括輸血、母傳子或性侵。伊莉莎白在維吉尼亞州鄉下買了一棟房子，打算在附近開設一所安寧療護中心，照顧愛滋病童。這些孩子大多被父母拋棄，伊莉莎白覺得這是不人道的，她無法袖手旁觀。

她的一些鄰居對同性戀者有強烈偏見，無法對那些孩子產生同情。他們把愛滋病和同性戀劃上等號，擔心同性戀者會移居維吉尼亞州，影響當地的傳統風氣。還有一些人則是害怕被傳染，他們對病毒的感染途徑誤解甚深。伊莉莎白為了成立安寧療護中心努力奮戰，但最終沒有成功，而社區居民也始終無法接受她的前衛想法。

當地居民對同性戀的歧視，令伊莉莎白憤怒不已，我也認為這種偏見很荒謬。更讓她無法接受的是，他們竟然把恐懼和仇恨擴及到無辜的病童。儘管遭到社區居民強烈反對，她還是堅持不懈，並下定決心要在那裡實現心願，甚至期待有一天有更多開明的人能加入她。

但接下來，她遭遇了一連串的恐怖事件。有人對她充滿仇恨，不斷騷擾她。起初，有人闖入她家和辦公室，偷走東西。後來，她的教學中心招牌上出現了幾個彈孔。有一個晚上，當她出差時，有人闖進她家，殺死了一隻羊駝，並放火燒了她的房子。她的房子化為灰燼。

伊莉莎白大受打擊。她一直試圖忽略社區對她的敵視，但現在她明白，她必須離開了。要在那裡做自己（舉辦克服悲傷的工作坊，支持她關心的社會正義事業），實在太困難了。她不想再向誰證明，她既不是怪人也不是恐怖份子，於是她賣掉土地，搬到了亞利桑那州的斯科茲代爾（Scottsdale）。

從某個角度來看，她對攻擊行為的反應似乎是個悲劇性的結果，但我不這麼看，伊莉莎白也是。那些把她趕走的人雖然讓她憤怒，也深受傷害，但她並不是逃避他們，而是勇敢地選擇把她失去一切的事實視為一個徵兆。這個徵兆告訴她，有其他更好的地方正在等著她。她家失火的時候她正在外地出差，所以她全部的財產只剩下一只皮箱。她把這件事視為一個機會：重新開始，浴火重生，去另一個地方做她想做的事。

有時候，你選擇了一個地方，卻發現那裡不適合自己。有時候，你得到了一份夢寐以求的工作，卻變成了噩夢。有時候，你不得不放棄一段無法挽回的關係。這些都是人生中的重大抉擇，只有你自己能做出決定。只有你自己清楚，你是在逃

避現實，還是在追求新目標。只有你自己明白，你是在放下對你無益的東西，還是在放棄機會。

伊莉莎白搬到斯科茲代爾後，我們從同事成了好友。維吉尼亞州縱火案的創傷仍在，那起案件至今仍未破案。但她在亞利桑那州找到了新生活，她在社區裡積極參與各種活動，也繼續努力為愛滋病患爭取權益。她勇於改變自己，放下過去的陰影，克服了人生的挑戰，繼續追求未來的夢想。

這個轉變過程的成功關鍵在於，她重新將焦點放在想要創造的社群上。伊莉莎白曾夢想在維吉尼亞州的鄉間，找到一群對靈性和醫學有相同先進看法的人，因為那裡讓她想起瑞士的故鄉。現在，這個理想中的社群，在亞利桑那州實現了。伊莉莎白把焦點放在她想要的社群上，讓她清楚知道自己的真正渴望。當她離開維吉尼亞州時，她完全知道自己該往哪裡去。

當遇到阻礙，感覺自己卡住時，確認內心真正的渴望至關緊要。這不僅幫助我們恢復動力，也可以讓我們清楚知道，什麼行得通、什麼行不通。最終，就算我們像伊莉莎白一樣，遇到充滿暴力和困難的處境，這種動力也會讓我們突破困境，獲得自由。

伊莉莎白夢想中的社群，正是那條不畏阻礙，繞過堤壩的涓涓細流。

— 12 —

尋找堤壩旁的細流

生命永遠在流動，堤壩旁永遠有涓涓不息的細流。當我們聚焦在這條細流，而非眼前的阻礙，就會注意到生命的自然律動。無論痛苦來自身體、情緒還是靈性層次，讓自己動起來，就有機會放下羞愧、走出痛苦，甚至笑看它的荒謬，並拋開一切無益之物。隨著細流逐漸匯集，最終將沖破阻礙我們的堤壩。當不可能變成了可能，我們會驚覺，我們正以超乎想像的方式，勇敢活出自己的生命力。

悲傷往往也是如此。悲傷與憂鬱有別，悲傷是流動的，憂鬱是停滯的。當感到悲傷時，不必壓抑，而是將心思放在我們所愛的人或物，痛苦會流過，然後離去。根據好友伊莉莎白有關悲傷的經典研究顯示，不必抗拒悲傷，目標不是擺脫悲傷或讓悲傷快點過去，而是不要執拗的不讓它走。當我們經歷悲傷

的五個階段，就可以走出傷痛。

如果有人身陷在悲傷的痛苦深淵裡，該怎麼幫他？先創造一個安全的空間，讓對方願意開口說話。光是這麼做，就足以使阻礙潰堤。

泰瑞莎的情況就是如此，我曾在前面提過這位患有腸阻塞的患者。她在短時間內失去了多位親友，我想知道她內心的真實感受。我詢問她的哀悼過程，因為一年內連續失去五個最親近的人，是多麼的痛苦難熬。任何有這種經歷的人都會深受打擊。所以，當我問她有沒有給自己時間哀悼，她說「當然有」時，我進一步詢問，哀悼對她意味著什麼。

她說，「嗯，我覺得非常難過。」但我看得出來，她還有話沒有講出來，於是我坐在那裡，耐心等待。泰瑞莎沉默了好長一段時間才又說出，「我有哭。」

她正視我的眼睛，似乎在衡量我是否值得她信任並傾訴心事。我目不轉睛地看著她，想要讓她感受到，我可以給她所需的安全空間。

儘管如此，我們仍然靜靜地坐著，彼此眼神交會。我默默地傳達給她，不會催促，我會一直陪在她身邊。

突然間，一個低沉聲音彷彿從她的內心最深處傾瀉而出。她驚恐地張開眼睛，淚水如泉湧，彷彿要傾吐出所有痛苦。我緊緊地抱住她，她也緊緊地抱住我。她在我的懷中放聲痛哭。

她哭得很傷心，我感受到她的悲傷從體內湧出。她的身體隨著啜泣而顫抖。接著，一個奇蹟發生了。她雖然還在哭，但我看到她的生命動力重新流動。

她的啜泣漸漸停了下來。她的身體向後，靠著椅背。她接下我遞給她的面紙，然後拿起手邊的水杯，接下來的幾分鐘，她慢慢的啜飲了幾口水，身體仍微微顫抖著。我的診療室瀰漫一股平靜的力量，就像季風退去後的亞利桑那沙漠，一片寧靜。我們心照不宣，然後一件奇妙的事——她渴望的事，在這一刻發生了。

那次門診之後，泰瑞莎長期的腸阻塞就消失了。她的情緒好轉，身體也自然恢復。她的消化和排便都正常了。她的眼淚流出來，身體的其他部分也跟著動起來。

泰瑞莎的故事清楚說明，當我們試著阻止生命流動，會發生什麼事：首先，我們會覺得很不舒服，然後，開始受苦。我們的肌肉變得緊繃，器官會停止正常運作，然後開始生病。我們與生命失聯了，生命一直在流動，但我們卻停滯不前。我們坐在那裡，盯著阻擋生命流動的堤壩。

當你聚焦在堤壩，就不會注意到旁邊的涓涓細流。你要找到那個細流，至少找到可能形成細流的地方，把能量注入。傾注你的生命動力，尋找繞過堤壩的路。相信它，信任它。生命在你體內流動。只要你還活著，你的生命力就在流動。

當你看著這股細流漸漸變大，你的生命動力會告訴你如何讓它增長，看著它變成一條小溪。把你的注意力放在那裡，直到堤壩動搖、裂開，最後潰堤。當你超越阻礙，感激之情湧上心頭，信念貫穿全身，生命動力會變得更強。

　　下次當你覺得人生卡住時，試著這樣做：放下你的焦慮與執著，與生命重新連結。

練習

5 步驟學會放下

1. 站起身，動起來，練習效果會更好。播放快節奏的音樂，在家中或走到住家附近都可以，讓身體輕鬆自由地隨步伐擺動，甚至隨音樂起舞。

2. 身體動起來之後，想一想你覺得人生中卡住的部分，可能是一段友誼、工作的挑戰、自我認同、思考模式，或是深藏的怨恨情緒。也有可能這種阻塞體現在身體（這個練習不應替代專業的醫療建議），比如長期咳嗽、皮膚某處特別乾燥，或是一直無法解決的慢性疼痛。讓停滯的感覺浮現出來，用全身去感受那些阻礙你前進的障礙。

3. 想像你手中緊握著那個困住你的東西。你可能會發現，有一隻手的握力在不知不覺中增強了。讓自己沉浸在這股緊張感當中，然後讓拳頭握得更緊些。

4. 當你漫步時，伸出你的手，手掌向上，手指微張，然後，手臂向下甩。讓手臂的重量帶動手的動作，喚醒生命的流動。把卡住你的東西全部拋開，就像把花瓣灑進溪流。真心的放手，讓它走。在內心默唸或輕聲說出：這並不重要，或是其他對你有意義的話。

5. 放下之後，給自己一點時間體會生命之流緩緩流過你心靈的感覺。這股流動是你的生命動力。尊敬它、珍惜它，它會伴隨你度過一生。

愛是最強效的良藥

13

愛能驅散恐懼

　　蘇珊是一位年輕的小學老師，我為她看診多年。有天，她發生嚴重車禍，背部多處骨折。她能活下來簡直是奇蹟。她才30歲出頭，身邊有許多愛她的人，也有光明的未來，這場嚴重意外差點毀了她的人生。

　　外科醫生把她照顧得很好，但我知道她需要全人醫療。當我去醫院探望她時，她躺在病床上，動彈不得。她唯一能動的只有嘴巴、眉毛和眼睛。她能說話、吃東西、能看見，但其他的一概不能做。醫生告訴她，她以後不能走路了。她的哥哥是骨科醫師，也做此診斷，甚至告訴她，她起身坐上輪椅的機率，微乎其微。

　　我走進病房時，立刻感受到蘇珊和她的家人散發出來的無助感。他們怎麼可能不覺得無助？我觀察蘇珊身上的石膏，從

下巴到兩隻手臂，再到兩條腿。病房裡擺滿花束和卡片，以及來自朋友與學生的祝福。但任何歡樂的氣息，在這裡都會顯得格格不入。不可否認，蘇珊的狀況非嚴重。原本開朗的她，正經歷極大的痛苦。

環顧病房的一切，我相信醫療團隊把她的身體照顧得很好。這是西方醫學非常專精的部分，尤其是急性外傷。蘇珊的醫生把她的骨頭都接好了，並用石膏固定，以保護脆弱的脊椎，讓脊椎有機會復原。但他們告訴蘇珊，她不可能回到過去的生活了，我不確定這個判斷是否正確。更令我在意的是，這些訊息來自她的哥哥，也是對蘇珊最具影響力的人。我理解他竭力提供他所知的醫學知識，也明白他不想美化情況，給妹妹不切實際的希望。不過，我並不認為，真的已無計可施。

是的，蘇珊受了重傷。是的，她的脊椎受到重創。是的，她的狀況非常危險。不過，我不認為現在就要宣告她的情況不會有轉機。她還很年輕，活力充沛，渾身都是生命力。在如此令人絕望的處境下，要如何運用她的生命動力來醫治她？

我拉了一張椅子坐在她的床邊。一開始，我安靜坐著，感受她的恐懼和悲傷，並不試著把這些情緒驅散。她說了幾句話，我專心傾聽，營造一個安全的空間，讓她可以說出她的創傷和驚恐。我知道她信任我，所以我用愛接住她的憂慮。和其他人一樣，我提醒她，有很多人愛她，她的生命對那些人

有多麼重要。然後，我抓住時機問她，「你覺得我能幫你什麼嗎？」

我用這個簡短的問題提醒她，她有能力幫助自己復原。這是我採用的第一個方法，把她從恐懼中拉出來，同時把她拉進眾人對她的愛裡。

要了解接下來發生的事，我們要先了解愛與恐懼的關係。應該很少人會置身像蘇珊那樣的危險處境，但我們大多可以體會她在病床上的無助與害怕。當形勢對我們非常不利，該怎麼辦？當我們覺得對當下的處境無計可施，什麼是正確的反應？當我們覺得全然無助時，可以做些什麼？

聽到「壞」消息時，害怕是自然的反應。現在的情況已經很糟，但我們常常想的是，接下來情況會不會變得更糟。恐懼是可以理解的，但如果停留在恐懼裡，可能會把所有能幫助我們解決問題的能力也關閉了。恐懼會摧毀思考能力，使我們無法看清事實。

因此，人類共同的使命之一，是學習超越恐懼，進入愛。當我們辦到了，不僅能啟動我們的原動力，還能幫助其他人也這麼做。無所畏懼的人可以啟迪周遭的每個人。我所謂的「無所畏懼」，指的不是膽大妄為，而是以開放的心胸面對生命。這種人能激勵其他人，當我們超越恐懼，就能與愛連結。

醫學界往往低估愛的力量。這個詞已經被濫用，以致聽起

來很做作。愛很難描述。我無法向不曾體會過愛的人，解釋愛是什麼。如同我無法向生來失明的人解釋，綠色是什麼。然而，我希望你曾經在人生中體驗過愛，也知道它的力量。我希望你有機會明白，愛如何突然占據我們的心並改變一切，使一切向它臣服。這一點也不做作，也不是言過其實。愛真的是世界上最強效的良藥。愛能使生命從被動（僅僅只是活著）變為主動（暢快淋漓的活著）。因此，我的第三個祕訣就是：愛是最強效的良藥。愛能啟動我們的生命動力。

愛具有一種不尋常的能力，可以轉化一切它接觸過的事物，把單調乏味的事變得充滿樂趣，把笑聲從殘酷變為歡樂，帶著愛的傾聽，讓空洞的陳述變成有意義的訊息。有愛存在，一切變為可能。

要善用愛的力量，需要先了解它與恐懼的關係。

恐懼一插手，愛就會離開，反之同理。我的朋友賽西兒的兒子很怕水。他的鼻子會習慣性的把水吸進鼻腔，因此他開始害怕洗澡和游泳。「水會跑進我的鼻子！」他向媽媽解釋，「然後我就不能呼吸了！」

賽西兒無計可施，於是去找了一位游泳指導員，專門幫助孩子克服這種心理創傷。游泳指導員只用一堂課就解決了這個問題，他教這個孩子在水底下哼歌。賽西兒說，「這個原理實在太簡單了。只要他在哼歌，就不會把水吸進鼻子。當他沒有

氣可以哼歌時，就知道該浮上水面了。」

一方面，這個孩子沒說錯：當我們把水吸進鼻子，就不能呼吸了。另一方面，我們鼻腔裡的氣能把水擋在外面。假如鼻子會習慣性的吸進水，哼歌是個完美的解決方法。

愛與恐懼的關係正是如此。愛能驅散恐懼，但也會被恐懼阻擋在外。人們常常會同時提到這兩者，因為它們一直在拔河。假如我們習慣性感到恐懼，用愛來驅逐恐懼是個睿智的解決方法。這個做法的效果很好，因為愛永遠比恐懼更強大，沒有例外。就像身體天生就會呼吸，我們天生就有愛人的能力。正因為如此，處理恐懼雖然是好事，但這麼做的效果遠遠比不上聚焦於愛。當我們把精力投注在愛（即使只有一點點），這個精力會不斷自我循環，為生命帶來喜樂、健康和幸福。

另一個比喻可能可以解釋得更清楚。幾十年前，比爾和我帶孩子去新墨西哥州南部的卡爾斯巴德洞窟國家公園（Carlsbad Caverns）。那些洞窟深入沙漠的深處。儘管地面上天氣很熱，洞窟裡卻出奇的冷，甚至冷到令人不舒服。那裡面是全然的黑暗，就和當地的深夜一樣暗。

導遊建議我們把手電筒關掉。當我們一個個把手電筒關掉，黑暗占據了整個空間。黑暗使得一切變得格外清晰，我們聽見彼此的呼吸聲，孩子緊張的咯咯笑，他們的聲音在巨大的洞窟裡不斷迴蕩。

接下來，導遊點燃一支火柴。火焰集中在火柴的尖端，大小大約只有一吋，卻照亮了整個洞窟，令我們大為驚嘆。

許多人都曾說過，光可以勝過黑暗，包括甘地、安妮·法蘭克（Anne Frank，二戰納粹大屠殺中最著名的受害者之一）以及民權運動領袖金恩。這個簡單意象，能說明一個驚人的真實現象；我和我的家人可以作證，這個道理淺顯易懂：無論一個地方有多麼陰暗，光必定能勝過它。光能穿透整個空間，讓黑暗無容身之處。在耀眼強大的光之前，黑暗只能退散。

在光與暗或吸氣與呼氣的例子中，我們在任何時刻只能聚焦於其中之一。這代表在一生中，我們基本上一直在面臨一個抉擇：我們要把注意力放在愛，還是恐懼上？

── 14 ──

每個人都是有選擇的

　　我長期致力於整合醫學的推廣。我發現，最不容易說明的就是選擇。選擇意味著，無論遭遇多大的困難，我們總會找到辦法。但這也可能引發責怪。你或許會說，「我並沒有選擇得這種病！」或是「我愛的人並沒有選擇被解雇！」你沒錯，這些都是事實。

　　我不覺得，我在人生中經歷的許多困難，是我自找的。我的健康問題不管是佝僂病、瘧疾、腎結石或癌症（兩次），也非我所致。我們有選擇權，不等於發生的壞事都是我們的錯。但面對挑戰時，我們可以選擇我們的行動和反應。即使在黑暗中迷失方向，我們仍可選擇前進的方式。從這個角度來看，選擇是一種力量，讓我們振作，而不是拖累。

　　選擇有時是不自覺的，就像我們常常無意間選擇了恐懼。

許多人因無力掌控的悲劇而受創。受創已經很痛苦了，他們不想被責怪，我也不想責怪他們。

然而，我們的痛苦確實有部分可控。遭遇可怕事件，恐懼是自然反應。但我們要被困多久，則由我們決定。我們如何面對創傷、走出陰霾，以及如何塑造未來，有部分取決於我們的選擇，包括是否接受心理治療或其他方式來處理創傷。在任何情況下，我們都能選擇，是專注於恐懼，還是專注於愛。

即使做了選擇，我們的自動反應本能也會阻礙我們。1955年，比爾和我剛搬到亞利桑那州，比爾在醫學會議上遇到心理學家暨心理治療師米爾頓‧艾瑞克森（Milton Erickson）。艾瑞克森比我們年長約 20 歲，他和我們一樣都對現代醫學尚未充分探索的無意識運作很感興趣。

意識是我們在任何時刻覺察的一切。潛意識是意識的延伸，涵蓋了我們只要注意就能想到、想像或記起的事物。但無意識則包含了其他一切：我們所假設、相信或忘記經歷過的事情，也涵蓋了我們難以解釋的自動反應。

艾瑞克森特別關注催眠如何能在臨床中改變無意識，進而影響病人的日常生活。他認為，即使意識和潛意識能被意志引導，只要無意識沒有改變，治療或精神科的進展就很有限，因為人們很可能重複舊有的行為模式。

每週二晚上，艾瑞克森和比爾就在我們家客廳辦討論會。

這是我們在亞利桑那醫學界建立連結的第一步。艾瑞克森和我們一樣，都認為病人可以在自己的康復過程中扮演積極的角色。艾瑞克森的做法是，把患者的注意力引導向無意識的信念，以及導致他們形成那些信念的痛苦事件。他的理念後來被其他人運用發展成各種方法，像是家庭系統理論和神經語言程式學。在他離世後繼續發展他的理論的專業人士，通常被稱作「艾瑞克森學派」。艾瑞克森在研究無意識的初期就深信，幾乎過去發生的每一件事都能被治癒。但唯有當我們引導意識做出改變後，治療過程才開始。

做最終決定的人是我們，明白這件事，有助於我們找到並引導我們的生命動力，因為當我們處於極度恐懼的時刻，往往會忘記自己擁有強大的力量。當面臨健康上的挑戰，我們忘了要說，「你好，親愛的身體，你需要什麼？」當我們失去了某些東西，或是生命中出現不確定性，我們忘了要問，「我現在該怎麼看待這個情況？」這些問題往往具有轉化性的力量，能激發我們的好奇心，而好奇心能克服恐懼，驅散「我無能為力」的念頭，能使我們與內在的生命動力重新連結，而那個生命動力就是愛。

愛能治癒我們的身體和心靈。身體本來就有自癒力，我們的心靈也是。不少人可能認識一些在經歷重大情感創傷過後被治癒的人。他們的故事能啟發我們進行自我醫治。我把許多這

樣的故事納入書中，你很可能也有這樣的故事。

伊莉莎白就是個例子，她的故事在前面提過。她設立安寧療護中心，卻遭鎮上居民反對和驅逐，她憤怒不已，更別提他們後來射殺她的羊駝、縱火毀了她的家！伊莉莎白是真實犯罪的受害者，卻無人為她伸張正義。她需要幫助，才能從創傷中走出來。但她面對自己的無奈，選擇說「kutch par wa nay」（這並不重要），放下過去，搬到新環境生活，繼續實現自己的理念。這是她的選擇。她愛自己，也珍惜自己的生命，她選擇活出自己，而不是被恐懼、憤怒和痛苦所困。

本書每一則故事都蘊含了這樣的選擇。要轉向生命，我們必須明白，我們在每一刻都能選擇。當我們真正接受這一點，就能感受到等待我們的愛。做出明智選擇是我們愛自己的開始，而自愛是所有愛的基礎。

面對恐懼，怎樣才能找到選擇愛的勇氣？就像伊莉莎白的故事告訴我們的，要從愛自己開始。

15

好好愛自己

五十年前，我首次提倡「愛自己」，那時它是一個嶄新的概念。如今，這個詞已融入日常語言，成為理所當然的事。但知道這個概念和真正實踐是兩回事。

只有認識到自己的可愛之處，我們才能夠去愛。只有相信自己值得被愛，我們才能真心地愛人。這就是為什麼，當我們選擇愛而非恐懼時，愛是我們最先要培養的能力。那麼，是什麼讓我們難以發現自己的可愛之處呢？

有時候，我們被潛意識的信念所束縛。許多人（包括我）從小就被家人信仰的宗教教導，自愛等於驕傲自大。你可能聽過「驕者必敗」這句格言，但它的真正含義常被人誤解。驕傲自戀（覺得自己高人一等、更重要，或誇耀自己的貢獻超過別人）確實會讓我們走向失敗。但愛自己與驕傲自大是兩回事。

自愛是對我們擁有的生命心懷感激。當你不愛自己，也就無法接受別人的愛。改變這些錯誤的信念，才能夠接受愛。

不管是愛人或接受他人的愛，自愛是根源，至關緊要。我大部分的病人都說，他們了解這個道理，但當我更進一步詢問時，卻發現，在他們內心並不確定是否愛自己。許多人的經歷讓他們產生一種潛意識的信念，這個信念又控制他們的意識。這就是為什麼我們需要有意識地把我們的愛引導到自己身上。

問問自己：我是否真心認為，我有資格以我對他人的愛來愛自己？我是否確信，儘管我的身體有各種不完美，但仍值得我去珍愛？我是否相信，即使我曾犯下許多錯誤，我的靈魂仍然值得被愛？我是否尊重、欣賞、信任自己，並引以為豪？

如果答案不像你期待的那麼篤定，不需擔心。現在開始努力永遠不會太遲。我用了一輩子的時間學習愛自己，而我一直在進步。每當我遇到困難，就有機會透過練習，增強愛自己的能力。我在 90 歲時得了乳癌，再次獲得練習的機會。

早在 1961 年，我就與癌症交過一次手。那時比爾和我正因推動整合醫學，備受各界打擊。我發現甲狀腺長了一個約 2 公分的腫瘤，當時我最大的孩子還是青少年，最小的孩子才滿一歲。我不確定該用對抗醫學治療，還是嘗試自然療法。

有天晚上，我做了一個夢，看見能幫助我的植物：蘆薈、蠟燭木，以及白楊木燒成的灰燼。那時我很幸運有一個強大的

支持網絡，於是我減少工作時數，開始執行嚴格的斷食計畫，同時搭配冥想與禱告。我每天食用夢境中告訴我的植物來治療自己。幾個月之後，腫瘤縮小了，最後完全消失。

我用自然的方式治癒腫瘤的事，傳遍了當時剛萌芽的整合醫學社群。人們都對這個奇蹟感到驚奇。我既是自然醫學的領導者，又是一位西醫，因此我覺得，我用自身經歷向大家證明這個可能性，是很重要的事。

五十年後，當我發現自己得了乳癌，我不確定是否該用相同的方式來治療。我的身體變老了，可能難以承受那種極端的斷食計畫。而西方醫學在這段時間已有了長足的進步，尤其是對乳癌。我可以選擇一種標靶治療，雖是侵入性，但遠比過去的方法溫和。更重要的是，我當時正在進行好幾個計畫，我全力投入這些計畫，並從中得到了力量。

我不排斥用自然方法治療腫瘤，但也知道，這麼做非常消耗體力。我很清楚，我愈快做決定，抗癌成功率就愈高。考慮到時間點和腫瘤類型，我接受了西醫療法。但那並不表示我不需要積極參與治療過程。我配合我的腫瘤內科醫生和外科醫生的處方，合力去除了這個腫瘤。醫師們負責放射線治療和乳房腫瘤切除手術，我負責運用想像力和愛恢復健康。

我曾向一位患者如此說明這次手術：「當園丁修剪一棵樹時，是把對這棵樹的生命沒有益處的部分去除。那些樹枝已完

成使命，任務已結束。」我的腫瘤也是如此。我非常愛自己、我的身體和我的生命，我不想讓腫瘤繼續奪走我的生命動力。就像上一次治療癌症一樣，我把所有的注意力聚焦在那份愛，不讓自己陷入恐懼。

術前幾個星期，我開始跟我的腫瘤說話。我把它想像成一個小手提行李箱。我對我的腫瘤說，「親愛的，我們要召開一個家庭會議，如果我的身體裡還有其他癌細胞，請把它們都召來，叫它們進去行李箱，準備去旅行。」動手術那天，我開開心心的接受手術，我知道腫瘤移除後，我的身體會變得更健康。我對放療也採取同樣做法，選擇以務實的態度看待，就像是剪指甲一樣，我的體內有一些不再需要的細胞，現在只是採取必要手段，把它們除去。我不對那些癌細胞生氣，也不怕它們，只是它們對我的健康已沒有好處了。

最後治療方法奏效，這次治療癌症所花的時間和五十年前一樣短。我毫不懷疑，我選擇的對抗療法是自己被治癒很重要的一步。我也很確定，我對於接受這些治療方法的看法，以及我想像出來的行李箱，也同樣重要。我出於愛做了決定，用更多的愛支持這個決定。當然，我還是會恐懼，但我拒絕讓恐懼擴大。我也拒絕因為一些增生細胞而排斥我的身體。我始終以我的身體自豪。這個身體真是了不起！我喜愛它過去所做的每一件事，以及未來將要做的每一件事。

每當患者或我愛的人面對類似疾病，我會鼓勵他們，無論如何都要繼續愛自己的身體。我也會鼓勵他們想像自己的治療過程，運用自己的意象，就像我的手提行李箱。

有些人覺得創造自己的意象很困難，希望我能幫他們想像，或是教他們該怎麼做。這需要很大的信心，才能相信找到的意象會有用，而那些不夠愛自己的人，也常常不信任自己。但其實，你是唯一能夠為自己創造意象的人；你必須發現自己內在的醫生，信任你的自癒能力。

這是我們運用有意識思維轉化無意識思維的方式。無意識思維會提供治療我們所需要的意象。每個人必須找到適合自己、感覺起來有真實感的意象，而且我們必須盡可能以最純粹的愛來做這件事。我一再見證這個古老的方法奏效，尤其是那些原本懷疑自己能否找到對的意象的患者。

我們慢慢發現並確知思維與身體之間的關係，支持這個論點的科學證據已一一出爐。諾貝爾獎得主伊莉沙白・布雷克本（Elizabeth Blackburn）與同事伊麗莎・艾波（Elissa Epel）發現，端粒（染色體的末端）會被我們的思維影響。這意味正向思考雖然無法直接影響我們的 DNA，卻能影響我們的基因表現，對健康和活著的感覺有著深遠的影響。

意象引導我們的思緒聚焦，並在身體裡感受它們。近年來，許多研究以幹細胞為主題，我認為這反映了科學界追求擁

有創造力的生命力。這些研究發現，幹細胞會受到我們的思維影響，無論是思考的內容還是方式。這些研究也證實整合醫學與靈性治療師（通常是原住民）的長久見解：在治療過程中，意識到自己的作用，對治療有很大的助益，因為我們的心思意念能影響一切，甚至細胞層面。

我們的身體細胞各司其職，以維護我們的健康。當我們設定了一個意圖，我們的細胞就會與我們合作，實現這個意圖。我們的責任就是給予細胞充足的生命能量，這樣它們才能有效參與每一個活動。我把這樣的治療方法稱之為「活的醫學」（living medicine），不僅整合了醫學的知識，還擴大到醫護人員以外的範圍，是一種讓治療者和患者共同參與的協作模式，目的是提升病人的生命力。這些協作模式可以幫助療癒過程，但我們要明白，它們並不具備治療功能，只是能夠發揮引導作用。活的醫學認為，我們的身體包含心靈和意志，是健康的核心。我們的任務是相信這一點，並且給予細胞所需的愛，健康地生存。這才是真正的愛自己。

要用這種方式照顧自己，我們必須學會付出愛與接納愛。然而，對許多人來說，愛人容易，接納愛卻是另一回事了。

—— 16 ——

如何接納愛

面臨挑戰時，我們常解讀成是自己不值得被愛。當身邊的人離開我們、傷害我們，或是無法給予我們應有的愛，這些被忽視、冷漠、虐待的痛苦經歷，可能會影響我們的成長。這些經歷會在潛意識中留下印記，對身心造成嚴重傷害。

如果曾經受過傷害，可能會對愛感到恐懼和抗拒。但正因為如此，我們才更應該面對自己的恐懼。克服恐懼並不容易，但只有這樣，才能真正打開心扉，接納更多的愛。

60 多歲的潘蜜拉是我的患者，她的身體頻出狀況。和她談過之後，我發現她不認為自己有任何可愛之處。她在學校擔任輔導老師，幫助了許多學生釐清困惑，卻找不到自己的生命意義。她總是和別人比較，覺得自己比不上別人。在我看來，她的內心深處，似乎不認為自己配得上充滿活力的人生，甚至

不配擁有生命。

溝通過後，我告訴她：「我覺得你不相信自己值得被愛。你知道為什麼會這樣嗎？」

潘蜜拉笑著說：「你和我母親說得一樣！」這個回答讓我很震驚。我問潘蜜拉，她的母親到底跟她說了些什麼？

「哦，是這樣的，我出生的時候長得很醜，母親當時根本沒辦法愛我。她想要愛我，但就是辦不到，」潘蜜拉解釋說，她是早產兒，出生時就是個皮包骨。小時候，她母親常對她說，當朋友來看剛出生的潘蜜拉時，她會用一條毛巾把她的身體蓋起來，只露出臉，「這樣別人就不會知道你有多醜了。」兩年後，她的弟弟出生，情況變得更糟了。她的家族一直喜歡講一個「笑話」：潘蜜拉出生時是個很醜的寶寶，而她的弟弟是個很漂亮的寶寶。她的母親顯然比較愛她的弟弟。

在談話過程中，潘蜜拉才意識到，那不是個笑話。每當母親提及此事，其實讓她很受傷，這個傷害也深深地影響她。現在她終於明白，自己為什麼這麼沒有自信，以及為何老是和別人做比較，即使這麼做明明只會傷害自己。諮商結束時，我給她一個大擁抱，而且沒有馬上把手臂鬆開。我試著用擁抱把她應得的愛，完整的傳送給她。

後續的諮商療程，我們不再聚焦潘蜜拉的身體症狀，而開始看她的可愛之處。首先，潘蜜拉學習接納我的愛。接下來，

她開始接受學生和學生家長的愛，他們都很喜歡她。最後，她終於能夠開始愛自己，她的身體不適狀況也消失了。

潘蜜拉從嬰兒時期就很難接受愛。你或許覺得那是很久以前的事，但事實上，我們對自己和自我價值的看法，可能在更早的時候就形成了。我希望讓人們知道，在人生的每個時刻，他們都是可愛的。正因為如此，我才會主張「在愛中分娩」。

1969 年，我參加了一場英國著名靈媒的演講。他一邊講述他的見聞，一邊描繪他在人們四周看見的氣場（光環）。我雖然無法親眼目睹這些奇妙的現象，但我樂於知道別人如何體驗這個世界，所以我靜靜地聽著。

我注意到他的照片中出現兩種氣場（光環）：有些是收斂的，圍繞頭部規則的旋轉，然後又回流下來，而有些則糾結在頭頂上形成一團亂麻。我問他這是怎麼回事，他解釋有些人的靈魂在出生時就被「收納好」了，所以他們的氣場更加凝聚，而有些人的靈魂則沒有收納好，所以他們的氣場變得扭曲。

他的氣場照片和靈魂被「收納」的概念，深印在我的腦中。我馬上把他的想法和我一直從事的「在愛中分娩」連結起來，這幾十年來，我已經接生了數千名寶寶，甚至為一些家庭接生了兩、三代。我接生的寶寶大部分是頭先出來，我用我的愛迎接他們的到來，讓他們感受到這個世界是安全的、溫柔的，他們的靈魂重返這個世界，是有神聖意義的。我帶著敬

意，用雙手托住他們珍貴的頭部。我感恩他們降臨到世上。在我這麼做的時候，我覺得我能聽見天使的歌聲。

現在，我想請你暫時放下這本書，想像一下你出生的情景。想像你是多麼脆弱而完美。想像你睜開小小的眼睛，用好奇的眼光探索這個世界。你甚至可以想像天使在歌唱。聽見他們響亮的歌聲。看著嬰兒時期的你沐浴在金色的光裡，降臨這個世界。

我請你做這個小練習，因為要愛自己，必須先了解自己的出生是多麼神奇的一件事。

想一想細節：你的身體在母親的子宮裡發育成形，然後出生。你帶著使命來到這個世界，你的 DNA 是由父母的 DNA 結合而成。撫養你的人會影響你的靈魂之旅，不管他們是不是你的親生父母，或者只有一方，或者是其他人。當你活在這世上時，你會或多或少地改變了這個世界。你會與其他人建立連結，幫助他們塑造他們的人生。你會創造美好的事物，展現你的才華，分享你的體驗。你的影響力不論大小，都會以你可能無法完全理解的方式傳遞出去。

不管你是否相信有個創造者賜予你生命，或者你認為生命只是一連串偶然導致的結果，你的生命都是神奇美妙的。

當我們與生命連結，愛的能量會自然地充滿我們的心靈。但許多人在一生中會遭受傷害，或許是因為出生時靈魂沒有完

整地融入身體，又或是因為後來發生的事所致。這些傷害讓我們逃避愛，而這種反應是可以被治癒的。

事實上，只有你才能治癒自己。其他人只能提供協助，如果你不願意參與，他們也無能為力。你選擇治癒你的傷口、修復你的靈魂、對你的生命感恩，這個選擇至關重要，就像是洞窟裡點燃的那根火柴。恐懼會對你說謊，讓你覺得自己沒有價值，但那個選擇是你戰勝恐懼的第一步，能讓你獲得自由。

有些人覺得很難接受別人的愛，他們可以從愛動物開始。動物不會有自己的主張，也不會冒犯我們。我曾見過許多患者透過狗、貓甚至馬的陪伴，學會接納愛。我一生中養過很多隻狗，我覺得小時候有狗相伴對孩子很重要。動物能給我們無私的愛，我們也很容易愛上牠們。牠們讓我們知道，我們是值得愛的，也有愛的能力，就算我們忘記了這件事。

當你能夠接納愛，健康和幸福就會隨之而來。然後，你要把愛散播出去。

—— 17 ——

不要吝嗇給予愛

　　自小父母便教導我要慷慨付出愛。他們很愛子女,也讓我看見自己的價值,學會如何接納愛。這也是他們最偉大的人生志業:用愛的力量治癒他人。我的父母是敬虔的基督教長老會宣教士,他們深刻體會到,耶穌的教導核心是愛。

　　那年野地醫療營工作結束幾個月後的一個晚上,母親在書房用打字機打字。那台打字機很重,她總是帶著它從一個醫療營地到另一個營地。我的父親和我一樣,都有閱讀和寫字方面的困難,因此,母親要負責寫信給長老會宣教團,說明他們用教會的奉獻做了哪些事。那天晚上,她並不像平常一樣飛快的打字,我聽見她中斷了好幾次。最後,父親敲了敲書房的門。她讓他開門進去,父親開門後沒有把門關上,所以我聽見他們的對話。

母親因為當地改信基督教的人數很少而嘆氣。他們有一部分的工作是要讓當地人（大多是信奉印度教）接受基督教，並為他們施洗。但父母從來沒有為那個部分的工作費太多心思，而是把精力放在別處。

父親開始向母親列舉，他們最近為多少人醫治了傷口和疾病，藉此提醒母親，他們所做的事很重要。他們醫治了許多一輩子沒看過醫生的人。他們走進麻瘋村，碰觸那些被歸類為「不可接觸」的人。

他們這麼做，是因為他們被呼召去傳他們所理解的福音。他們對醫治的理解建立在碰觸上，我也是。他們用雙手與愛去醫治別人，就像他們鍾愛的聖經故事裡耶穌所做的事。

我聽著父親向母親細數上個月幫助過的人，並述說他們的病痛：拔了一顆爛掉的牙齒、恢復情況不良的骨頭重新接回，還治療一個受感染孩子。「我們有在做事。」他說。

「你說的對，」我母親若有所思的說，「我們或許沒有交出好看的數字，但我們有在做事。」

我的父母一生大部分的時間都在印度為人治病。他們享有健康、快樂、充實的長壽人生。當他們離開時，我並不感到悲傷，因為他們的人生就像是一場慶祝活動。我永遠懷念他們，但我不為他們哀傷。他們全心全意去愛，也全心全意活過了。

我的父母對待患者的方式，對我產生很重要的影響。不只

是我的醫師生涯，還包括我這一生對待他人的方式。他們教我去愛每一個人，無一例外。

我們不必喜歡每一個人，但要試著愛每一個人。愛一個人不代表我們必須贊同他，也不代表我們認可他做的每件事，或想和他長時間相處。愛是一種超越喜歡的能量。我遇過許多我不喜歡的患者，我相信我的父母也是如此。但如果我無法愛他們，我會認為那是我的問題，而不是對方的問題，我會設法去愛每一個人，找出我們的共通點，或許是都很愛子女，或是喜歡沙漠美景。如果沒有共通點，我會設法在他身上找到我喜歡的一件小事，或許我喜歡他的髮型，或是他擁抱別人的方式。我發現我的愛會不斷擴散；我只要架一個棚架，讓它自由生長。愛就是讓能量自由流動，而不阻擋。從這個觀點來看，愛是我們健康幸福的重要元素，不可缺少。

即使我們明白這一點，仍然會遇到意外的打擊。在這樣的時刻，就算我們非常了解愛是什麼，也讓愛在心中流動，又該如何抗拒掉入恐懼的誘惑，避免被恐懼吞噬？

— 18 —

愛與奇蹟

　　或許你花了很長一段時間學習付出愛與接納愛，並在這個過程中成長了許多。但生活中總會出現意料之外的挑戰，或許是你被降職了、公司倒閉、人際關係破裂，或是親友生病。把愛當成良藥，意味我們要尋找愛，即使（尤其是）在那些黑暗時刻。

　　身為醫師，我目睹過無數這樣的故事：患者因失去健康陷入恐懼，於是開始厭惡自己的身體，甚至將其視為負擔或敵人。當感到身體背叛了自己，這種情緒尤其強烈。

　　有位患者名叫卡洛琳，她很想懷孕，但一直沒有成功。受孕已經很不容易，要懷胎更是困難。儘管我們盡了最大的努力，她還是經歷五次流產，全都發生在同一個妊娠期。

　　在第六次懷孕時，卡洛琳努力抱持審慎樂觀的態度。這次

一切似乎相當順利，但在相同的妊娠期，她又開始流血。她在電話中顯得很恐慌。她非常害怕，不知道該怎麼辦。「我知道我一定會失去這個孩子，」她哭著說，「我覺得好無助，我覺得我完全沒辦法阻止這件事發生。」

我不知道這次能否挽回她的小孩，但我很確定，假如她無法降低她的恐懼，就需要提升她的愛。

「你的孩子現在最需要的是你的愛，」我對她說，「無論這個孩子能否保住，他都需要你的愛。」當然，我不能叫她不害怕。她肯定嚇壞了。但我能把她的注意力帶回到愛。

我要她把蓖麻油熱敷墊放在腹部，然後對寶寶的靈魂說話，對他說，她有多麼希望把他帶到這個世界，求他留下來。「對你的孩子說話，你們是一體的。」

卡洛琳那晚一直對她的孩子說話，告訴他，為什麼想要生下他，還有他們有多愛他。她懇求孩子的靈魂留下來，但無論發生什麼事，她都不會停止愛他。

隔天早上，她不再流血。她來診所做超音波檢查，寶寶的心跳正常。

接下來幾個月，卡洛琳的孕程相當順利。兒子懷胎足月，我有幸能為他接生。我再次聽見天使在歌唱，但當我把寶寶捧在手心中，我倒抽了一口氣。

他的臉上有唇顎裂（當時稱為「兔唇」）的疤痕。唇顎裂

有可能要進行多次手術才能矯正。我從沒見過自己痊癒的例子，但這個寶寶顯然是自己痊癒了。我對卡洛琳微笑，想起她和這個孩子說話的那個夜晚。我讚嘆：「偉大的外科醫師出手了！」然後，把這個完美的男嬰放到她懷裡。

當卡洛琳懷胎流血並為孩子禱告時，正是胎兒的軟顎形成的時期。我有充分理由相信，她的愛不但醫治了自己，也幫助她腹中胎兒被治癒了。

我堅信，卡洛琳的愛使胎兒活了下來。她不去看恐懼的黑暗面（儘管她流產的可能性很高），而是與最強大的光（她對這個孩子的愛）連結。

許多患者也有同樣的見證。幾年前，好友艾芙琳正準備踏上西班牙聖雅各朝聖之旅，完成人生夢想旅程。她一直想像著如何在西班牙鄉間從一個村子走到下一個村子，在小旅店過夜，吃簡單的食物。

但出發前幾個月，她的膝蓋不小心受傷了，幾乎無法走路。她來看診的時候，顯得相當驚慌。「我會不會沒辦法成行？」她憂心忡忡地問道，「我已經規劃了好幾年。我們每天要走很長的路，而且路面高低不平，需要強健的膝蓋，不知道我的膝蓋能不能及時復原！」

我建議她：「告訴膝蓋，你需要它做什麼，以及理由是什麼。然後用愛使它恢復健康。對你的幹細胞說話。用你的愛

和信心來增強它們。」在接下來幾個月，艾芙琳不斷禱告和冥想，希望膝蓋能恢復健康，為了一個明確的目標：實現夢想多年的靈性之旅。

我們永遠不會知道，是不是她做的事治好她的膝蓋。我們也永遠不會知道，如果她沒禱告，事情會如何發展。但我們知道，她確實走完朝聖之路，她的膝蓋靈活自如，完全沒有疼痛。此外，她完成的目標還多了一項。她的冥想使這趟朝聖之旅變得更有意義，在她踏上旅程前，她完成了別具意義的信心練習。

人生中有很多事，我們並不知道答案。當聽到壞消息，我們往往不知道如何從中找到一線希望。但僅僅憑藉信念，就能產生力量。在那一刻，我們可以選擇擺脫恐懼，擁抱愛。這樣的行動，有可能治癒病痛。即便未能完全治癒，也能為生活注入更深的意義與幸福。

事實上，面對巨大恐懼時選擇愛，這本身就是個奇蹟。有時也會創造另一種奇蹟。

前面提過經歷嚴重車禍的蘇珊，就體驗了奇蹟。

我坐在她的病床邊，接住她的恐懼，並溫柔地給予她選擇的自由：面對這似乎無法解決的困境，她將如何應對？我知道，她需要找到屬於自己的意象，一個能在她心靈深處產生共鳴的意象。正如我在與乳癌戰鬥時，憑藉的那個手提行李箱。

這個意象，必須讓她感到深刻的真實，而且是源自於愛。

我向她說明骨骼癒合的過程，提及成骨細胞如何連結骨質，以及蝕骨細胞如何吸收骨組織。我還解釋胜肽的作用，並告訴她，在適當條件下，我們的骨骼確實具有自我修復的能力。我向她保證：「你的身體擁有自癒力量。這或許不容易，但是有可能的。你可以選擇將你那美好的身體想像成健康強壯的狀態。」

蘇珊發生車禍意外時，正值紐奧良遭卡崔娜颶風重創後不久，當時新聞一再報導紐奧良的重建計畫。躺在病床上，動彈不得的蘇珊，發現自己一直掛念著紐奧良的重建。她無事可做，於是開始想像道路被修復、建築物被建造起來的畫面。她說，一開始，她不知道這個意象為何出現在腦海中，也沒有把這個意象與我們的對話連結在一起。她以為這只是個念想，一切只因她在病床的日子太無聊了。

一段時間後，醫生告訴她，意想不到的事情發生了。她的脊椎開始以他們沒想到的方式癒合了。

蘇珊這時才意識到，她那個念想其實就是她想像出來的意象，於是她更勤加練習。她知道，她在腦海中建造的「城市」，其實是她脊椎裡的硬骨組織。她看著工人建造建築物和橋樑，那就是她的成骨細胞。她看著獨輪小推車把一車車的殘片碎石清走，那是她的蝕骨細胞。

一段時間後，蘇珊開始能坐起來，並用輪椅行動。在她發生車禍一年後，她已經能正常走路了。

根據「活的醫學」，我們一直在付出愛和接納愛。透過這樣的循環，我們為自己注入了原動力。當愛變成日常生活的一部分，我們的生命也因此延續。

隨著我們從世界接納愈來愈多的愛，讓這份愛在心裡安頓下來，並把愛向外散播給周遭的人，這是一種整體層面的實踐。而當我們學會愛自己，這是個人層面的實踐。我們給自己的養分很重要，它能深入到細胞層面。我們不應該等到痛苦降臨，才把愛當成良藥。

練習

6 步驟學會愛自己

1. 首先，讓自己安靜下來，找出心中的不滿。不論是身體上的不適，如病症或傷口，還是情緒上的困擾，如人際關係的問題。

2. 想著那個不滿，等待一個能表達它的意象浮現。不要太用力想，順其自然就好。那個意象可能是動態的、也可能是靜態的。或許是一件物品、一個場景，甚至是一個人物。一旦你找到你的意象，用一點時間觀察它，它是什麼形狀、顏色和觸感？

3. 問那個意象：你要向我展示什麼？你需要什麼？是否在提供關於你的身體健康、心理健康、靈魂之旅、人際關係的資訊？你的心智給了你這個意象，讓你看到一些東西。但意涵是什麼？你可能會找到一個答案或者不只一個答案。

4. 想像這個意象被愛包圍，沉浸在全宇宙無條件的愛的擁抱中。想像天使歌音，就像他們在你出生那天為你歌唱一樣。向這個意象表示感謝，然後讓它散去。

5. 現在是擁抱自己的時刻。不要覺得尷尬，即使你覺得這麼做有點傻。這是一個轉化的練習！把你的左手放在右肩、右手放在左肩，讓手臂在胸前交叉，肩膀向內往前縮。把下巴盡量向下壓，手掌用力，給自己一個溫暖的擁抱。就像你會對任何一個需要擁抱的人所做的，給自己一個堅定有力的擁抱。

6. 當你擁抱自己時，感受一下你的心，今天的狀態如何？覺得自己可愛嗎？有愛的能力嗎？接受這個答案，不要評斷自己。每當你想了解愛在你內在的流動情況，就可以做這個擁抱自己的練習。

祕訣四

你不是孤單一人

── 19 ──

所有生命是相互連結的

我最珍惜的童年回憶，就是我們的冬季醫療營。我喜歡每個人都有自己的職責，並樂在其中；我喜歡每個人都互相扶持的感覺，我們遠離塵囂，彼此卻緊密連結。每當我想起那段時光，心中總是充滿喜悅，那些日子讓我深信社群的力量。

有一晚，我們在自己的帳篷裡，晚餐後就圍著桌子玩文字遊戲。正當我們玩得開心的時候，阿亞興奮地跑進來，笑著對我們說：「聖徒來了！」印度教聖徒在當地很常見，但他們很少來我們的營地。我知道阿亞說的是哪一位聖徒，我們五個小孩全都開心得跳起來，然後一起衝出帳篷，大人也雀躍地跟在後頭。

聖徒身材高大，深邃的眼睛彷彿能洞悉一切，全身散發著古老而神祕的光芒。現在我才明白，當年站在我面前的是一個

老靈魂，雖然這個說法在當時是對上帝不敬。孫大信（Sadhu Sundar Singh）是一個印度人，從錫克教皈依基督教，但他拒絕接受西方化的基督教。他相信，在印度傳福音最好的方法是效法耶穌的做法，但以印度人的方式來做。他和其他聖徒一樣，穿著顏色褪淡的橘黃色袈裟，頭上纏著頭巾，留著濃密的鬍子。他一看見我們，微笑著說，「孩子們，我很想念你們。」

　　每年夏天，孫大信都會去西藏，到了冬季則會來營地看我們。他徒步走遍各地。每次到我們的營地都會停留一、兩個星期，享用我們準備的豐盛美食，並為孩子們唱歌和講故事。他的風采迷人，他的存在就能促進人與人之間的情感連結。我把他當作我的榜樣，向他學習，並立志要像他一樣，讓人願意接近我。我想和他一樣，用滿腔的愛關懷孩子，把希望帶給每個遇見我的人，用歡樂的心情分享我的故事給所有願意聽的人。我想透過與人連結，實踐我的信念。

　　我們都是相互連結的，卻常常忘記這點，自我孤立、與人疏離。我們各自住在自己的身體裡，但我們也是社會性的生物，需要彼此才能生存。我們無法與他人切割，因為我們是社會、文化、國家、物種的一份子。我們透過共享的經驗和基因，與他人連結。我們呼吸的是同一片天空下的空氣。

　　我們雖然是不同的個體，卻都是社群的一份子。我們共享集體的生命動力。正如我們要滋養自己的生命動力一樣，我們

也要關心人類集體的生命動力。

1969 年，我第一次接觸這個概念時，覺得很震撼。比爾和我到以色列旅遊，參觀了一個吉布茲（kibbutz，集體聚落）。那個晚上，我們兩人熱血沸騰地彼此交流，看到了這個社群的奧妙之處：每個人都有自己的職責，孩子們在學校所學的知識，都能在農場、診所或廚房中發揮；每個人都可以為這裡的集體生命力貢獻一份力量，也從中獲得生命動力。

那次經驗啟發我在 1970 和 1980 年代，和助產士布朗合力推動「嬰兒車計畫」（Baby Buggy）。這個計畫鼓勵並支持在家分娩，產婦能在自己熟悉的家中，在家人的陪伴和專業人士的協助下生產。我們有一輛設備齊全的廂型車，當我們協助產婦分娩時，這輛車會停在她家的車道上。假如產婦需要任何介入措施或是需要送到醫院，車上有我們需要的所有東西。大多數的時候，這輛車只是停在那裡待命，產婦在自己家裡生下健康的寶寶。有時候，我們會用它把母親、寶寶或是母子一起送到醫院。車體上的送子鳥向社群傳達了一個清楚的訊息：一個新的靈魂臨降了！我們一起歡迎他！

現代社會似乎愈來愈缺乏真正的社群觀念。在疫情爆發之前，已經有許多媒體注意到，人們正面臨孤獨的危機。許多國家已經將孤獨界定為一個社會問題，影響層面涵蓋各年齡層和族群。孤獨還會對我們的身體健康造成嚴重的損害。楊百

翰大學（Brigham Young University）的一項研究發現，孤獨感對人類壽命有巨大的負面影響，其程度相當於每天抽 15 支香菸。缺乏良好的社交關係，可能會使心臟疾病的發生率提高 29%，中風風險提高 32%。

研究資料也顯示，正向的社會連結有助我們蓬勃發展。作家艾希頓・亞普懷特（Ashton Applewhite）發現，社交連結是我們可以健康快樂地老去的關鍵因素。她倡導跨世代的友誼，許多研究也呼應了這個觀念。這些研究指出，與年幼孩子相處可以激勵失去生活目標的老年人。一般來說，婚姻可以降低心血管疾病的風險，但不幸福的婚姻卻可能增加這種風險。根據「哈佛成人發展研究」（Harvard Study of Adult Development）的調查結果，我們在 50 歲的人際關係品質，可以預測我們在 80 歲的健康幸福水平。

我們的生命動力源於與他人的連結，這種互動不僅是我們生存的基礎，也是我們建立更深層連結的動力。當我們為集體的生命動力做出貢獻，我們也會從中獲得力量，這是我們最健康與快樂的時刻。這觀念構成了第四個祕訣的核心：你不是孤單一人。與社群連結，不僅能夠增強個人的生命動力，也能促進集體的生命動力，然後又回過頭來提升你的生命動力。

這意味著當感覺到別人想要和我們建立連結時，我們的生命就會充滿活力。連結是一種雙向活動，因此我們也可以對社

群的健康狀態產生影響。每個人都應該為自己創造一個支持網絡，這樣也會對整體網絡做出貢獻。你的付出甚至不需以利他為出發點，我的兒子鮑伯小時候曾對我說，「我想通了！假如我交了一個朋友，而他也交了一個朋友，他的朋友又交了一個朋友，那我們的關係就會繞世界一圈，最後回到我身上！」

我走遍世界各地，結識許多充滿活力的社群。我發現，當一群人攜手合作，共同克服重重困難時，他們展現的喜悅是最感人的。要讓一個群體成長茁壯，並不需要網羅最頂尖的人才，或是投入大量的資金，只要能有效利用手邊的資源，就能創造奇蹟。

我的成長經驗使我相信連結的力量。我出生在一個關係親密的家庭，並生活在一個充滿活力的社群，我們互相扶持，緊密連結。即使歷經風雨，我也沒有忘記這個信念。我建立了一個充滿活力的家庭，並積極參與這個世界。我珍惜我的社交關係，我享受付出與收穫的感覺，那種幸福感會充滿我的身心。

我希望在你的一生中，至少有過一次被全心全意支持的感覺。我也希望你能夠支持他人，體驗到那份深刻的連結。如果你有過這樣的經歷，你一定會記得，它是如何激勵你的。你一定記得，新的生命力量是如何充滿你的全身，推動你向前。你所獲得的生命動力，讓你明白社群的價值。

數十年來，我一直有個夢想，那就是建立一個結合活的醫

學、療癒、生活和學習的村落。這個夢想源自童年時參加的旅行醫療營，讓我體會到醫療的力量和意義。這個夢想也是一個創新的理念，讓人們能夠在這裡共同生活、共同工作，並療癒自己的身心。我們是社會性的動物，天生就需要彼此。這是我們繁榮與幸福之道。

許多人雖然理解這個道理，卻愈來愈難實踐。美國和世界多數國家都陷入意識型態的對立。家庭瓦解，成員各自過節或旅行。離婚率不斷上升。我們的房子感覺愈來愈大，因為我們躲進自己的電子產品世界裡。我們擁有的愈多，獨處的時間也愈長。即使有心想要與其他人建立連結，卻發現自己的需求難以被滿足。或許我們已經失去和人相處的能力。

我看著這個情況在我的周圍發生，不禁心想：既然我們喜歡與人連結的感覺，也知道它的好處，為什麼要迴避？

20

在不完美裡，看見美好

　　我第一個孩子卡爾出生時，我們住在辛辛納提。我很快就和同條街上的另一個新手媽媽成為朋友，她的兒子哈利和卡爾年紀相仿。我們還有個共同點，就是都在同一家醫院擔任實習醫生。卡爾和哈利經常在一起玩，相處融洽，但他們的玩法卻截然不同，這也反映了兩個媽媽不同的教育風格。卡爾是個小冒險家，我和比爾都支持他盡情探索，不怕他弄髒衣服。哈利的媽媽則很保護孩子，總是給哈利戴上手套，怕他被感染，有時甚至用繩子拴住他，不讓他跑太遠。

　　現今的育兒知識告訴年輕的父母，讓孩子稍微弄髒是很重要的事。大多數的人都知道，過分清潔的環境對孩子的發展並不好。但哈利的媽媽受到細菌致病論的醫學教育，主張消滅病菌，所以她把這個觀念套用在兒子身上。她和許多女性一樣，

認為「好母親」該做的事之一，就是保護兒子遠離病菌。

　　哈利和他的母親都是我的患者，我們經常碰面，因為哈利經常生病。儘管哈利的媽媽竭盡所能的照顧他，哈利還是經常被各種病菌感染。有一次，卡爾坐在地上玩，哈利安靜坐在旁邊看，哈利的媽媽問我，「為什麼卡爾很少生病，而哈利卻需要經常找你看病？我一直很小心的照顧他！」

　　我聽了之後大笑，向她解釋說，可能是因為卡爾的免疫力比較強。我讓他接觸世界上的各種事物，使他對這個世界的適應力變得比較強。

　　有些事物會對我們造成巨大的威脅，例如開著的爐火、高聳的懸崖或是毒蛇，哈利的媽媽應該要竭盡所能避免讓哈利遇到這些危險。但她在日常生活中過於小心翼翼，反而讓哈利受到了更大的傷害。社群生活也是一樣，有些人可能會傷害我們，但如果我們過度自我保護，與他人保持距離，就會失去那些有益的人際關係。我們天生就需要與他人相處，即使這意味著有許多麻煩事會發生。

　　如果嫌麻煩而不與人互動，或是難以包容他人的缺點，只想保護自己，讓自己不受傷，就錯失了真正活著的機會。

　　現代生活便利，讓我們愈來愈不需要拜託別人。只要有錢，就不必求人，無論是要從修車廠把車開回家、叫人載你去看醫生，還是叫餐吃飯、溜狗、組裝家具、洗車，我們都可以

用手機應用程式搞定，不必打擾鄰居和親友。科技愈發達，我們愈自我封閉。我們正在建立一個用錢解決一切的社會。按鄰居家門鈴借點糖的日子已不復存在，更別提守望相助了。

我不是要像老太太一樣抱怨世界變化太大，我只是想說一件更重要的事：我們應該多跟鄰居往來，彼此互助互惠。這樣的生活方式，會讓我們與周遭的人建立連結，哪怕只是一些瑣碎的小事。回想過去，我們和鄰居有密切往來，彼此熟悉，知道對方的近況。這樣的互動，讓我們不會感到孤單，也讓我們充滿活力。

現代的生活方式讓我們可以選擇與別人互動的程度。我們可能認為，只有在我們需要的時候才去和別人互動，這樣最快樂。然而，這樣做會讓我們失去很多東西，當我們與社群脫節，有可能因此付出很大的代價。我們會失去一些身為一個人最基本的東西。

選擇成為社群的一份子，確實有利有弊。其中之一是，我們可能會失去一些自主的空間。我在 1958 年時就深刻體會到這點。當時我和比爾搬到亞利桑那州，住進我們的第二個家。那是一棟大房子，牆壁厚實，堅固耐用，非常適合我們一家七口，而且不久之後，我們又多了一個小寶寶。我們全家人每天晚上都會一起吃飯，還會有一些朋友或鄰居加入，所以每天通常有超過十五個人圍坐在我們的橡木餐桌旁共進晚餐。我們從

不在意家裡是否整齊清潔、餐點是否精緻美味。重要的是，大家能夠團聚在一起。

人們在我們家進進出出，有一陣子，社區裡有好幾個家庭遭竊，警察上門來家提醒，晚上睡覺時要把門窗鎖好。那時我們才發現，我們根本沒有家裡的鑰匙。那段期間，比爾和我常為我們成立或支持的組織舉辦募款活動，也為不同背景的專業醫療人員與治療師，主辦一系列的演講。他們大多會在我們家待好幾天，進行非正式的討論。此外，我們家幾乎每天都有滿屋子的鄰居小孩跑來跑去，吵吵鬧鬧。

當比爾和我思考身為父母最需看重的事情時，我們決定要把我們的家打造成一個大人和小孩都能快樂自在、放鬆自我的空間。因此，我們不追求「一個寧靜整潔或一塵不染的家」。我們因此過了幾年有些混亂的日子，但我一點也不後悔。要建立一個社群，就必須接受一些混亂。

有一天下午，我想趁有空去泡澡，放鬆一下。我們浴室有兩扇門，一扇通往臥室，一扇通往書房。我正閉眼享受泡澡時，臥室的門突然被打開，一個興奮的小男孩衝進來，跑過浴缸，進了書房。接著，一個小女孩跟著跑進來，也跑進書房。後面還有其他小孩跟著：第三個是年紀較大的孩子，第四個是個頭髮亂糟糟的孩子，第五個是個調皮的小傢伙。不到幾分鐘，就有十個孩子從浴室跑過，其中三個是我的小孩，沒有一

個發現我正在泡澡。我一方面有點不高興，因為我想要一個人的時間，結果被打擾了，但另一方面又覺得驚奇，我竟然給我的孩子們創造了一個這麼快樂和熱鬧的家。

讓別人進入我們的生活，情況難免會有些亂七八糟。只要我們生活在社群裡，就不能要求一切完美無瑕，或是都如我們所願。不過，不完美也能帶給我們一些重要的東西。

我明白，人們都想掌控情況；我們都有自己的道路，也想掌控自己的走向。但我們的道路會和其他人的道路交錯，這是件好事；我們可以和別人分享我們的經歷和目標，也可以向別人學習。這或許會帶來壓力，但適度的壓力對我們有益。這不是說我們要和消極負面或心態偏差的人相處，長期處於壓力下會帶來問題。不過，研究顯示，少量的壓力可能有好處。

當我們試圖創造一個過於潔癖的世界，逃避人際互動可能帶來的風險和困擾，我們就是在與我們的生命動力對抗，並因此變得脆弱，就像戴著手套的可憐小哈利一樣。

然而，我們的社會卻常常讓我們覺得，唯有接受一個人的一切，才能與對方和諧相處。在現今這個兩極化的世界，這種思維可能會使我們不知道該跟誰交朋友。既然社群如此重要，我們該如何建立一個屬於自己的社群呢？

—— 21 ——

找到你的朋友

我希望能愛所有人，但這並不代表我喜歡所有人。同樣地，找到一種與所有人做朋友的方法，但親疏不同，也是有益的。當我們決定與所有人做朋友時，我們就能接納他們，並與他們建立某種程度的友誼，不管他們是誰、信仰什麼。我們可以在他們身上找到值得成為朋友的一面，即使那只是他們的一小部分。

艾莉莎是大學生，回家過寒假時，因手肘長溼疹而來找我看診。她的母親是我的老患者，艾莉莎很小的時候，我就認識她了。她雖然個性容易緊張，但平時看診時，聊幾句就會放鬆。這次不同，我擁抱她時，感覺她心神不寧。檢查她的手臂，她顯得焦慮不安，眼神游移，手臂發抖。患過溼疹的人都知道，這是壓力太大的徵兆。

「在患部抹一點蓖麻油應該就會好了，如果沒有好，就打電話給我，我再開類固醇給你，」我對她說。然後，我握住她的手，輕輕握緊，「好了，艾莉莎，你到底怎麼了？」她的手摸起來很冰冷，我希望把我的溫暖傳給她。

「哦，回家過寒假的感覺和我預期的不一樣，如此而已。我沒事，只要撐過寒假，再回學校就好了，」她簡短的說。

「什麼事和你本來預期的不一樣？」我問她，想知道她家是不是發生了什麼事。

她說家人很好，聊到愉快的事似乎讓她卸下心防。接著她說出了實情：「我的好朋友讓我覺得有點怪怪的。我的死黨克蘿伊搬去和男友住了，而我還是住在學校宿舍。我們的生活現在有很大的不同。我們還是有聯絡，但彼此似乎沒什麼共通點了，互動起來感覺很表面，你懂我的意思嗎？」

「我懂。」

「我對膚淺的友情不感興趣，我覺得那是在浪費時間和心力。我不確定自己是否一直在她身上白費心力，還是現在才在浪費時間……這個情況讓我有點難受。」

我對艾莉莎微笑。她的手現在摸起來溫暖一些了，談論她正在經歷的事，讓她的生命動力開始湧現。我開始跟她說起我的童年好友的事。我們成年後，他們當中有些人的生活仍和我有交集，有些人則不再聯絡了。我提到和我一起在印度長大的

彼得，他是我的終身摯友，他在辛辛納提認識了我的好朋友愛麗絲，他們兩個人後來結了婚，成為我在亞利桑那的鄰居。「有些朋友會一直在，有些朋友會離開，然後再回來，有些很熟的朋友會漸行漸遠，這是事實，但他們的友誼是有價值的，永遠不會浪費我們的時間和精神。想想亞利桑那春天開的花。那些非洲菊的根很淺，開的花只能維持幾個星期。而巨型仙人掌的根長得很深，使它能夠承受強風和乾旱期。這兩種植物沒有誰比誰更美，但它們都使這個地方充滿生氣。你和克蘿伊的友情並沒有結束，只是改變了。」

我告訴艾莉莎，有些友情注定又深又長久，延續幾十年，這些人是我們遇到困難時可以倚靠的人。但也有些人的友情注定是短暫的，那些友情是為了特定的目的存在，然後自然而然消失。另有些人的友誼永遠只會停留在表面，無論彼此關係是維持幾年或僅有幾分鐘；這種友誼也是正面美好的，只是我們永遠不會深交。我認識好幾千人，在某種程度上，我把他們都視為朋友。

「我也把你視為我的朋友，」我對她說，她對我露出微笑，「你比我還要年輕，在你很小的時候，我已經是大人了，把你視為我的朋友好像有點奇怪。但我不知道你的靈魂年紀有多大，你也不知道我的靈魂年紀有多大，我也不知道我們將來的交情會如何。任何事都有可能發生，你和克蘿伊的友情也是

如此。」我握緊了她的手。

艾莉莎嘆了一口氣說：「我以為克蘿伊和我會是一輩子的閨蜜……但如今，我們的關係或許有機會維持下去，也或許不會了。我只是不想單方面的付出。」

「這段關係似乎讓你承受了很大的壓力。」

「的確如此，但我想，假如我不再這麼用力，我的壓力會小很多。我會放手，讓這段友情自然發展。」

「你說得對。你可以盡你所能主動和她接觸，但你無法掌控人生怎麼發展。」

我們又多談了一些話，艾莉莎似乎放下了心中的石頭。她決定在寒假期間，趁她們都住在家裡的時候，再去找克蘿伊一次。我送艾莉莎離開後，她沒有再找我開類固醇乳膏的處方，我猜想，蓖麻油（或是我們的談話）發揮了作用。

我喜歡發掘每個人身上值得交往的特質，並以此與他們建立友誼。我會找到那個特質，即使只有一個，讓我們的生命力相互流動，並且全心投入。這可能會帶來長久或短暫的友情，或深厚或淺薄的關係。不管怎樣，在那一刻，我們是朋友，一切順其自然，隨緣而行。

如果你想要建立一個穩固的朋友社群，可以先從最容易接觸的人開始，例如你的鄰居。然後擴展到你的同事、家人的朋友、超市收銀員和加油站服務員，還有牙醫、寵物美容師等

等。不分年齡，跟孩子、青少年、年長者都可成為朋友。與每個人成為朋友，即使只是有限的交流，也要珍惜這份友誼。你只需要帶點善意和好奇心，找到你和他們之間可以成為朋友的部分，然後從那裡維持彼此的關係。

讓宇宙之流把新朋友推向你的生活也很重要。問問自己：最近有誰出現在我的人生道路上？誰需要我的關注和愛？當我們睜大眼睛，留意周遭的人，看看誰正在走向我們、誰需要我們的幫助，或是誰可以與我們分享或交流，我們就向宇宙敞開自己了，因為這個宇宙正透過其他人對我們說話。

認為只有贊同對方的一切，彼此才能成為朋友，是錯誤的想法，會將每個人推向極端。我們很自然地會和生活中與我們相似的人找到共鳴，並建立連結。但有時候，和我們最不相似的人交流，能促使我們從新觀點看事情。這也就是說，和我們不那麼喜歡的人往來，其實是有益的。當我們用好奇而非指責的心態，去了解想法和我們迥異的人，我們會得到成長。

剛搬到俄亥俄州時，我覺得自己與當地環境格格不入。當地女性分為兩種，家境不錯的，會在家帶孩子，家境不好的，會出去工作。無論哪一種，她們的教育程度普遍較低，而且沒人自願選擇外出工作。我已經習慣成為異類。大學時期，我覺得自己是俄亥俄州唯一（除了瑪格麗特）會說印度斯坦語，以及曾在大象陪伴下長大的人。念醫學院時，我對治療的看法與

周遭充滿抱負的醫生大不相同。在我的職涯中，我長期在男性主導的醫療體系中工作，一次次學習如何保住工作。這些我都撐過來了。但我依然渴望能有和我相似的人為伴，但我在那個煤礦城找不到這種友誼。瑪格麗特住在車程兩小時內的地方，這讓我很安慰，比爾的弟弟和弟媳也住得離我們不遠。這些人使我能在那個陌生地方撐下去。

當地的人似乎沒有人真的把我當醫生。他們通常寧可讓比爾或城裡其他的男醫生看診。比爾和我剛搬到那裡時，當地只有六位全科醫生（包括我和比爾在內）。隨著其他醫生一個個退休，比爾到軍中服役，當地所有懷疑女醫生能力的人，最後都成了我的患者。

我用一貫的專業知識與愛心對待每個人，很快的，大多數的人都開始認同我。接下來，我開始經歷相反的問題。那個地方的人關係非常緊密，而我的態度總是友善而開放，以致他們不懂得如何拿捏醫病關係的適當距離。當他們在雜貨店、銀行、街上遇到我，總是會來尋求我的醫學建議。有一次，我和比爾的弟弟和弟媳去看電影，一名警察跑到戲院來找我。原來，有個人遇到了一個小問題（我要強調，那是一點也不緊急的問題），他找不到我，於是打電話給警察，請他們透過無線電通話系統找我。

有一次，我得了腮腺炎（當時還沒有腮腺炎疫苗），我在

醫院住了好幾個星期。我病得很重，甚至沒辦法照顧我的孩子，他們也都發燒躺在床上。不過，因為我是當地唯一的全科醫生，人們根本無法讓我好好住院。他們會溜進醫院，問我感染問題該怎麼解決，或是到我病床的窗外大叫我。我病得很重，需要好好休息，幾個醫生朋友把打著點滴的我帶到他們家裡休養，最後終於康復。這樣的轉變真的很諷刺，我一開始被他們徹底排斥，但他們後來卻變得對我極度依賴。

我總是會找到方法用幽默的方式緩和情況，這是我一貫的做法。然而，我得腮腺炎的經驗凸顯了一個重要的議題，這個議題是許多人在建立社群過程中會遇到的狀況，那就是設定界限。我們不太知道如何跟那些不尊重我們個人空間或需求的人打交道。跟和我們不同的、甚至是不喜歡的人來往，是有益的事，但對於那些想要把我們的生命動力奪走的人，或就是忍不住不這麼做的人，我們該如何應對？該怎麼做才能從每個人身上找到可以成為朋友的特質，並與他們連結，為集體的生命力做出貢獻，同時又不被別人榨乾？

22

如何立下界限

要立下健康的界限，第一步要了解我們是誰，以及我們來到這世上的使命。我們必須先知道什麼能激勵我們、什麼會消耗我們。這樣才能辨識出哪些是我們靈魂之旅上的助力，哪些又是阻力。為了在正確的地方立下界限，並保持界限，深入了解自己是必要的。我們當然可從他人那裡獲得啟發，但最終，還是要找到自己的方法。

在我的一生中，我的姊姊瑪格麗特一直是重要的榜樣。她繼承了母親的智慧，總是能尊重他人，同時堅定地遵循自己的意志。瑪格麗特的平和與善良為我樹立了典範。

當瑪格麗特迎來她的第一個孩子，她與丈夫及婆婆同住在一棟小屋，婆婆的房間位於二樓。在小嬰兒幾個月大時，我常去探望瑪格麗特。記得有一次，小寶貝突然大哭起來，無論瑪

格麗特怎麼哄，就是安撫不了。如今想來，那可能是腸絞痛或胃脹氣，這與瑪格麗特的照顧方式無關。婆婆聽到哭聲，便從二樓走下來，開始教瑪格麗特如何照顧孩子。

婆婆的建議聽起來咄咄逼人，充滿了批判。她似乎認為瑪格麗特是個不稱職的母親。她的語氣非常嚴厲，幾乎到了苛責的地步。我看著姊姊將寶寶緊抱在胸前，耐心地安撫著。最後，婆婆終於訓話完畢，上樓去了。

瑪格麗特以輕柔的歌聲哄著孩子，心情始終保持平靜。她的冷靜讓我驚訝，因為若是我，面對同樣的情況，心情肯定受影響。我問瑪格麗特，如何不讓這段插曲擾亂心緒。

「哦，她總是那個樣子，」瑪格麗特一邊回答，一邊繼續用柔和的聲音與寶寶說話，她的聲音隨著搖晃節奏起伏，「但她要怎樣與我無關，我也沒有多餘精力去應付不重要的事。我把所有精力都專注在我的孩子身上。」

在她們相處的二十年間，她的婆婆都以這種方式對待她。但最後她還是贏得婆婆的尊重，婆婆在遺囑中把車子留給她。

在瑪格麗特家中發生的事，不只一次引發我深思。我發現，她那句「我沒有多餘精力去應付不重要的事」，是我聽過關於立下界限最簡潔有力的說法。她的意思不是說，她沒有能量了，而是她選擇把自己的能量用在別的地方。家人在瑪格麗特的心目中占有非常重要的地位，她覺得她的婆婆應該和他們

一家人一起住。因此，她必須採取這個對策，才能讓所有人相安無事的一起生活。

在現代文化中，界限的概念頻繁被討論。許多人將界限視為阻隔他人的壁壘，但這是一種常見的誤解。真正的界限存在我們心中，重點在於我們選擇把能量用在哪裡，決定哪些事物值得我們關注，哪些則不必耗費心神。

要設下什麼樣的界限完全取決於我們。生活中，我們往往無法預測會遇見誰，或者他們會帶來何種影響。試圖控制這些不可預知的因素，無異於打一場永遠無法取勝的戰役。過度投入其中，只會消耗我們寶貴的能量。然而，對於他人身上那些我們不喜歡的部分，我們永遠可以選擇要投入多少關注。最終，如果我們僅剩下微薄的正能量去維繫一段關係，那麼這段關係將變得愈來愈淺薄，甚至可能逐漸瓦解。但我們無需將任何人拒在門外，我們真正需要隔離的，僅是那些負面的能量。

所謂立下界限，並不是將他人拒在門外，而是接納他人最美好的一面。

派蒂在罹患肺癌期間，體會了這個道理。她因長期吸菸，病情惡化得很快。在被診斷出癌症不久，就開始住院治療。我打電話給派蒂的主治醫生，想了解她的情況，期待在一段時間的治療後，她可以回家休養。

「她的狀況不太好，」醫生在電話那頭這麼說，「她有嚴

重貧血，身體太虛弱，根本沒辦法讓她回家休養。」

「能給她輸血嗎？」我問。

「我們試過了，」醫生無奈地說，「但她不接受輸血。她的身體或許很虛弱，但她的意志力更頑強！」

我到醫院去看她，想要說服她。我向她解釋，她如果不輸血，可能會死掉。

派蒂說：「我知道，但這個做法是不對的。我不能讓別人的血流進我的血管。我連對方是誰都不知道，我不確定是否喜歡他們。更何況，假如血液裡有病菌，該怎麼辦？或許我的身體不用輸血就會好起來。」

但當我看了她的病歷後，我認為她顯然需要外來幫助。身體是有可能自己好起來，但她嚴重缺鐵，在這種情況下要靠自己復原，是在冒不必要的風險。

我心想，如果能讓她從不同的視角看這件事，或許有幫助，讓她不再糾結於身體需要輸血這件事，而是轉向另一件奇妙的事，亦即她面對的是一個接受愛的神聖機會。

我告訴她，在這世上，有人對她懷有如此深厚的愛，甚至願意捐獻自己的血液。這份無私的奉獻，無論他們是誰，都展現了人性中最崇高、最美好的一面。她的身體正在告訴她，她很虛弱，而且需要外來援助。幸運的是，社群中有人願意伸出援手。他們是誰不重要，重要的是他們願意出手相助。

改變觀點，為派蒂開啟了新局面。她認識到，那些捐贈的血液是一份愛的禮物，而且是出於捐血者最美善的一面。她後來接受了輸血，身體狀況很快就改善了。在社群的幫助下，她獲得了與癌症戰鬥的力量。

　　我們立下的界限，反映出我們是誰、我們需要什麼。隨著這兩個因素的變化，我們的界限也必須跟著調整。這並不意味著我們應該任由他人移動我們的界限，而是我們需要經常檢視自己的狀況，知道我們需要什麼，並不斷問自己：我們的人生拼圖究竟是什麼模樣？然後根據答案做出相應的調整。有時候，這種自我反思也能引導他人認清自己的拼圖模樣，並放到合適的位置。

　　前面提到，在 1950 年代晚期，心理學家艾瑞克森在我家客廳帶領催眠團體討論。起初，我很喜歡主辦這種團體討論。因為多年來，我們在俄亥俄州時一直覺得與當地環境格格不入，現在我們終於能在亞利桑那州推展一些事情。不過，在我懷第五胎的最後孕期，我需要休息，而一群人每週二在我家熱烈討論意識的屬性一直到深夜，開始讓我覺得受不了。我不再參與討論，只想好好睡覺。有天晚上，我告訴比爾和艾瑞克森，「團體討論需要另覓場地。」當時我只是個累壞了的孕婦，語氣不太好。

　　他們當下確實有抱怨，比爾喜歡在重要討論中，扮演某個

關鍵角色，而艾瑞克森希望一切照舊，不想改變。但不久之後，他們就找到一個更正式也更合適的場地，可以舉辦各種團體討論。搬到新場地也促使他們擴大討論這個團體的長期目標，最後幾位主要成員成立了美國臨床催眠學會（American Society of Clinical Hypnosis, ASCH）。今日，美國臨床催眠學會是全球規模最大、會員人數最多的催眠師認證學會。

我設定的界限，是我靈魂之旅的重要篇章。在那個時刻，我選擇不去聆聽他們對於潛意識的辯論，而是專注於照顧我腹中日漸成長的小生命，為即將到來的生產做準備。這同樣是艾瑞克森靈魂之旅的一部分，也改變了未來幾十年受美國臨床催眠學會影響的無數人。我的決定雖然一度為聚會場地帶來暫時的困境，最終卻為整個社群帶來最佳的結果。這就是立下有力界限的作用：為全體帶來益處。

有時候，要立下界限並不容易。我不想成為一個愛抱怨的孕婦，而比爾和艾瑞克森也不想離開舒適圈。但在我狀況較好的時候，我通常可以用較幽默的方式緩和現場的衝擊。

在俄亥俄州的日子裡，有一次我的耐心已被推向極限。每當我在超市購物，似乎總有人會跑來問我，他們遇到的身體狀況該怎麼處理。記得那是一個星期六的早晨，我獨自帶著四個孩子去採購生活必需品。比爾不在家，出差了，而我已筋疲力盡，幾乎到了崩潰邊緣。那天，孩子們比平時更加吵鬧。當我

在餅乾區挑選商品時，一位患者看到我，立刻直直朝著我走來。我嘆了一口氣，心想：又來了。

令我震驚的是，伊馮娜問的不是一般的小問題，而是開始詳述她的婦科感染症狀。這個問題已困擾她許久，她巨細靡遺、滔滔不絕的講個不停。當時是 1940 年代，在診間與患者談論婦科問題不是問題，但在超市談就很尷尬了。我的兩個大孩子在地板上追逐嬉戲，而兩個小孩坐在購物車裡，他們聽著所有細節，眼睛瞪得大大的。

當伊馮娜講到她的體液時，我發現我最大的兒子開始聽我們的對話。我心想我真的受夠了。但我耐著性子說，「伊馮娜，你要不要現在就躺下，」我一邊說，一邊指著超市的地板，「就在這裡脫下褲子，我很樂意在這裡幫你檢查。」我露出微笑看著她，準備實現我的承諾，並把手伸進我的包包，假裝在找工具。我那兩個正在打鬧的孩子突然停止動作，他們對我的這種語調非常熟悉，一聽到「褲子」這種敏感詞彙，總是會立刻豎起耳朵。

伊馮娜的臉都紅了。「在這裡？」她問道，眼睛看著四周。「還是你想預約星期一的門診？」我提出建議，一副稀鬆平常的樣子。「哦！」她大聲說，「對，就這麼辦。」

「那我們星期一見！」我推著購物車朝蔬果區前進，較大的兩個兒子吃驚的跟在我身後竊笑，較小的兩個孩子在購物車

裡咯咯的笑。我的幽默感緩和了我立下的界限。

　　我猜想，那個小鎮的居民之所以如此喜歡我，一部分原因是，我給他們需要的東西。我不是每次都能解決他們的問題，但我總是穩定的出現在他們的生活中。一開始，我被他們徹底排斥，到後來，我成為他們不可或缺的人，以致我必須立下界限才能過日子。

　　我們常常忽略一個重要事實，我們貢獻給社群的，和我們從社群得到的同樣重要。許多人首先考慮的是能從中得到什麼，但當我們貢獻所擁有的，與他人分享時，我們也能有許多收穫。那麼，我們該如何開始？該如何給出自己最好的一面，在任何情況下都能對集體生命動力做出貢獻？

23

傾聽的力量

在俄亥俄州那段日子漫長又忙碌，幸好有姊姊瑪格麗特的深厚連結支撐著我。她住匹茲堡，距離我家僅兩小時車程。在那個時期，她一邊撫養年幼的孩子，一邊在醫療領域有全職工作，在約翰霍普金斯大學接受護理訓練。就和其他進入醫療行業的家人一樣，她也渴望延續我們的父母對健康與幸福的理念。我們有許多共同點，這讓我們的關係更加緊密。

我們會盡可能抽空見面，讓孩子們一起玩，然後大人們就可以盡情聊天。在我們的對話中，我總是帶著激昂的熱情和挑戰傳統的想法，而瑪格麗特則以她的平和與純然的貼心喜悅來回應。她是我最寬容、最慈愛的摯友。當我情緒澎湃時，她會用那雙湛藍的眼睛靜靜地看著我，聆聽我的心聲，等我自己慢慢冷靜下來。有時候我會打電話給她，她總是耐心聽我說話，

等我講完之後，她也會告訴我，她的生活中發生了什麼事。

當我面對患者時，我的角色變成了傾聽者。我認真花時間傾聽他們想說的話，不只是關於他們的身體症狀，還包括他們在生活中遇到的困難。對許多人來說，特別是女性，這是前所未有的經歷：一位他們視為權威的人，聽他們說話。一開始，他們不知道怎麼表達內心的想法，隨著他們與我相處得愈來愈自在，情況也開始轉變。

傾聽能力是我一生中的寶貴技能，因為這是與社群建立正面互動的關鍵。真誠地聆聽，讓我們理解彼此的觀點和掙扎，讓他人不再感到孤立無援，也讓我們自己不再感到孤單。這是我們能為周遭的人所做的一件非常重要的事。

我的哥哥卡爾也深知這個道理。卡爾在我年幼時便教導我拳擊技巧，並戲稱我為「dhamar dhol」（印度斯坦語「笨手笨腳」的意思，因為我的四肢又瘦又長）。他自哈佛醫學院畢業後，遠赴巴拿馬與印度實踐醫療使命，最終才回到美國，在約翰霍普金斯大學進行開創性研究，讓他在國際衛生領域建立學術地位。他發起的「未來世代」（Future Generations）計畫，旨在與阿富汗偏遠地區的社區合作，致力於提升婦女的生育健康。在我們都已年過 80 歲時，有天他打電話給我，問我是否願意加入他的行列。

「問題在於，當地婦女如果沒有丈夫的准許，不能跟別人

說話，即使得到允許，她們大多保持沉默。我們需要去那裡了解她們分娩的情況，才能知道哪裡出問題。在一些社區，母親和嬰兒的死亡率高得嚇人，我很確定原因不只是衛生和貧困問題。你很善於傾聽，或許她們會跟你說。」

我答應了。不久之後，我就搭機前往阿富汗。由於協助分娩的人主要是女性，所以我的同事蘇克利亞醫師和我鎖定了幾個村子，從每個村子邀請兩位女性來參加我們的計畫。要讓當地婦女報名並不容易。事實上，當我們請求與當地婦女說明計畫內容時，許多男性不想讓自己的老婆去參加。當我們建議讓他們的岳母參加時，他們立刻欣然同意。

在為期一週的計畫中，我們所有人同住在一棟房子裡，逐漸認識彼此。我們邀請她們分享生育經歷，探尋潛在問題。這些婦女從未有機會述說她們懷孕與分娩時遇到的困難，她們的故事也未曾被聽見。我們的傾聽讓她們感受到自己的重要，以及她們故事的價值。

當這些婦女勇敢分享自己的故事，我們很快就明白問題所在，甚至她們自己也意識到問題的根源。在齋戒月期間，產婦常因身體虛弱，在分娩時沒有足夠的力氣順利生下孩子。此外，使用未消毒的工具剪斷臍帶，可能會讓新生兒遭受細菌感染。這些問題的解決方案其實非常簡單，只需確實執行，就能有效降低死亡率。正因為我們願意傾聽她們的聲音，她們也更

願意接受我們的建議。

蘇克利亞醫師和我告訴她們一些基本的知識，包括衛生、營養、生理構造等等。然後請她們回到自己的村子，把這些知識與全村的女性分享。女性樂於把自己會的事情教給其他女性，這是女人的天性。幾個星期之後，我們給她們的資訊透過現有的社群網絡，傳遍了各個偏遠地區。只要有女性願意說，其他的女性願意聽，事情就成了。

卡爾、蘇克利亞醫師以及數百萬名國際援助工作者的善舉，把醫療照護帶到世界上每個偏遠的角落。他們的善行讓我們知道，我們能給別人的最珍貴東西，就是真摯的關懷與陪伴。在阿富汗，我們最先扮演的角色是傾聽，而不是解決問題。我堅信，我們在一開始為那些婦女提供能安心分享個人故事的環境，是非常重要的，重要程度不亞於後續提供的知識和資源。我深信，聆聽本身就是一種力量。

我們也必須讓那些婦女相信，自己說的話很重要。她們大多沒和別人討論過自己的生產經驗。許多人從來沒有機會公開談論她們失去的孩子（包括夭折和流產）、因難產而死去的朋友，或是沒有處理的會陰撕裂與瘺管導致的病症。她們從來不知道，發生在她們身上的事，對我們或其他婦女很有價值。

我發現，那些阿富汗婦女非常清楚社群的運作方式。我注意到她們非常依賴彼此，一起工作、煮飯、分享自己有的東

西，有必要時也會請求別人幫忙。她們歡迎我來到她們的社群，即使我們的語言、文化、教育程度或經濟水準不同。但我們之間有連結：養育兒女、生產，以及以祖母的身分養育下一代的經驗。我們展現自己的真實面貌，找到彼此共通點，然後一起創造一個新的社群。

令我印象特別深刻的是，到了計畫的最後一天，有幾位婦女邀請我一起去山上玩，這使我深深體會到我們一起創造的東西是多麼有力量。我們要騎驢子走很遠的路。我雖然還很健壯，但 86 歲的我開始擔心，是否有能力承受一整天在山間小徑騎驢子的顛簸。我騎在驢背上，一直難以坐直，一位婦女看見了，很想幫我。於是她伸出手，一把抓住我身上唯一能抓的東西：我的胸罩。就這樣，我和一群阿富汗婦女一起騎著驢子上山，還有一隻手穩穩的抓住了我的胸罩肩帶。

在社群中，我們就是這樣互相支持的，無論我們能提供什麼。當我們把自己擁有的拿出來，互相幫助，就會得到原動力。當我們不再恐懼，坦然接受我們之間的連結，就沒有克服不了的挑戰，無論是驢子、胸罩肩帶，還是其他一切。

當我們用這種方式把我們的生命動力與社群連結，可以產生深遠的影響，觸及我們或許從沒想過的可能性。生命會主動透過社群的力量來支持我們。在我們最需要的時候，還會差遣幫手（也就是像天使一樣的人）來幫助我們。

24

天使現身

女執事醫院（Deaconess Hospital）是一所開創性的醫療機構，創立於 1888 年，是俄亥俄州辛辛納提市第一家綜合醫院。然而，當我在該醫院成立六十年後加入成為一名實習醫生時，卻發現這裡未曾雇用過女醫生。我深知，身為女性，我必須在醫界走出一條自己的路，正如我母親所做的那樣。由於我過去是在全女子醫學院就讀，再加上在戰爭期間，有些產業歡迎女性加入，所以我心生盼望，希望女執事醫院會歡迎我成為他們的第一位女醫生。

但我一到那裡，希望立刻破滅。在醫院值班時，我找不到可以休息的地方，當其他男醫生在休息室睡覺時，我只能帶著枕頭和毯子，到 X 光照射檯上休息。我曾經對醫院的實習充滿期待，特別期盼那幾個月的產科經驗。然而，隨後轉至骨科

部門的實習，卻讓我陷入困境，因為那裡的主治醫生，也就是我的上司，非常不喜歡我。

那是我第一次（但不是最後一次）因身為女性醫護人員，遭遇公然的性別歧視。我的外科實習主管毫不掩飾地表明，他認為女性不適合當醫生，尤其是懷孕的女性。我結婚數月後，就開始實習醫生的工作。我和比爾都渴望實現生育六個孩子的夢想。當我的孕肚變得明顯，主管開始將他的偏見付諸行動。他把早上七點半的手術排給我，那意味我沒有早餐可以吃，因為餐廳八點才開。不僅如此，他總是把時間最長、過程最複雜的手術排給我。隨著孕吐加劇，我盡力隱藏自己的不適，他卻更加刻意使我的工作變得艱難。只要有一點小事，他就會用廣播系統呼叫我去處理，讓我疲於奔命，沒時間休息。

對於這個情況，所有人都看在眼裡，有幾位護士開始伸出援手，還有好心的夜間清潔工露西兒也來幫我。有一次，露西兒甚至解救了我。那時，我因為想吐躲進衣櫃，將胃內的不適吐進一個裝有手術工具的不銹鋼托盤中。我剛吐完，主管突然呼叫我。驚慌的我，不知如何是好，既要清理托盤又要回應主管。當我打開衣櫃，露西兒就站在我面前，她堅持幫我清理托盤，然後叫我趕快去回應主管的新命令。

儘管處境艱難，我還是堅持下來了。我的主管愈是不讓我好過，我的決心就愈強烈：我不只要完成實習，還要讓他們知

道，女性（即使是懷孕女性）和男性一樣有能力成為醫生。

醫師輪值表是寫在手術樓層的黑板上，每週更新一次。後來，輪值方式突然神奇的開始變得對我很友善。我被排在時間較短、時段不會太早或太晚的手術。

有一天，我的主管氣沖沖的在走廊上質問我，「你為什麼修改輪值表？」他的態度很強勢。

「我並沒有去更動！」我說。這是事實，我完全不知道是誰改了黑板上的輪值表。我覺得這似乎是宇宙回應了我的禱告。我不意外，但心中很感恩。這裡有人關心我、保護我，即使我不知道他是誰。

許多人都曾有過相同的經驗。我的父母到印度工作幾年後，我的姑姑貝拉受到母親的啟發，也去攻讀骨療醫學院。儘管當時是 1920 年代，單身的貝拉姑姑仍然一個人跑到印度展開自己的宣教工作。後來，她辭去工作，在距離我父母幾小時車程的地方，設立了一所孤兒院。

1969 年，我去探望父母時，順道去貝拉姑姑的孤兒院探望她。我看到許多孩子正在製作黏土磚，並把磚塊放在太陽底下曬。我問貝拉姑姑，這些磚塊是做什麼用的，她說，那是用來蓋牛棚的。孤兒院的食物很缺乏，但孩子人數很多，於是貝拉姑姑認為，養一頭奶牛就能解決這個問題。

「但你沒有奶牛啊。」我遲疑的說，同時環顧四周，確認

我沒有說錯。

「沒錯，還沒有，」貝拉姑姑說，「但這就是信心發揮作用的時候。我相信，假如我們蓋了一個牛棚，神就會給這些孩子一頭牛。」

經過幾個星期的努力，孩子們真的把牛棚蓋起來了。抹在磚塊之間的砂漿也被太陽曬乾了，不過還是沒有牛的蹤影。於是他們又做了一個餵食槽，在裡面裝滿乾草，繼續等待。

幾天之後，一頭母牛走進他們的院子，牠聞到乾草的味道，自己走進了牛棚！貝拉姑姑跪在地上，感謝神賜下這個奇蹟。那頭牛的出現讓她心中充滿感恩，但她一點也不意外。

當我們與周遭世界建立一種互惠互利的「施與受」關係，我們會開始發現，身邊總有人在幫助我們。我們給出正能量，正能量就會再回到我們身上。就像貝拉姑姑一樣，我們可以依靠這種關係。社群是我們所創造，也是我們使它壯大，因此我們也能相信，當我們有需要，它會幫助我們。這需要信心，不一定要有靈性或宗教信仰。無論我們相信一個更高的力量（就像貝拉姑姑那樣），還是相信自己和我們建立支持性社群的能力，我們投入社群的精力，會增強我們的集體生命動力，也會讓宇宙回應我們的需求。

貝拉姑姑從未動搖，她堅信神恩無限，會賜予她所需所求。她的信念，對我有很大的影響，如同父母的信念，也對我

影響深遠。我在這樣的大人們庇蔭下長大，他們為社群奉獻，也期盼從社群得到回饋。這使我以這樣的觀點看世界：我是整體的一份子，因此，我能完全信任這個群體。

就讀醫學院時，比爾和我很窮。但我想在新婚住家辦一個感恩節晚餐，於是邀請醫院的一些朋友來我家。

感恩節那天，我們一群人先一起去看美式足球賽。然後，大家依原計畫前往我們家，準備吃感恩節大餐。途中，我向朋友艾莉絲承認：我什麼東西也沒煮！我們沒錢去採買食材。我向天禱告，希望最後有好結果。在萬不得已的時候，只好讓大家吃花生醬三明治了。

不知怎麼的，我就是深信事情一定會有轉機。回到家門口的那一刻，我們還在期盼會有奇蹟發生。當我打開大門，我看見一整桌的感恩節大餐：餡料、馬鈴薯泥、肉汁，以及放在餐桌中央的烤火雞。我最好的餐具已在餐桌上擺好。艾莉絲看了之後大笑說：「我就知道你在開玩笑，格拉迪絲！」

「我沒開玩笑！我不知道這些食物是從哪裡冒出來的！我是說真的！」我驚訝的說道。

這時我在廚房流理檯上看見一張字條，那是樓上鄰居留給我的。他們已煮好晚餐，正準備要吃，但突然接到通知，家人出了急事，必須立刻趕去機場。他們不想浪費食物，於是拿到樓下給我們。

他們因為家人發生急事必須出門，這是一個巧合，但他們決定把晚餐送給我們，並不是巧合。我們認識他們，跟他們相處得很融洽。他們看得出來，比爾和我是經濟拮据的新婚夫妻，也沒家人住在附近。他們對我們有好感。堅強的信念是讓我能夠坐在那場足球賽上，毫無牽掛的原因：不僅是相信宇宙會照顧我，也是相信我已經創造了讓它這樣做的正確條件。事實上，我本來會很自豪能夠提供花生醬三明治：那是我們所有的一切，這樣就夠了。然而，我在每一層面與社群力量的連結，創造了讓奇蹟發生的空間，結果奇蹟真的發生了。

　　如果你覺得周圍的人不支持你，你可能需要問問自己：你是否真心支持他們？你是否為集體的生命動力做出貢獻，還是只想拿取？你能否在分配能量時保持明確界限，同時在每個人身上發現值得結交為朋友的特質？你是否為周遭世界帶來喜樂和正能量？社群的人能信任你？

　　這些問題中如有任何一個答案是「否」，你又怎能期待集體的生命動力會支持你？

　　社群維繫靠互惠互利的關係。我們透過自己的人際連結，在各個層面創造出自己的支持網絡。我一再發現，只要我們用心呵護自己的生命動力，並在社群中互相滋養彼此的生命動力，就會有天使降臨，讓我們的人生旅程走得更順遂，就像生命本身在支持我們一樣。

那個主動修改女執事醫院實習生輪值表的人，就是這樣的天使。我沒有深究這件事，我只覺得，我一定曾經待人以善，才能得到這樣的回報（或者我可以像貝拉姑姑那樣，相信這是神賜予的恩惠）。老實說，當時的我身心俱疲，沒有心力去思考這件事，所以我只是默默地感謝他，然後盡量多休息，讓自己有更多能量去照顧病人。

有一天深夜，我接到通知，有病人需要我處理。我從 X 光照射檯下來，收好枕頭和毯子，輕輕推開門。沒想到，我竟然看到露西兒站在黑板前的椅子上，正小心翼翼的地擦掉我的名字，把早上七點半的手術安排給另一個實習醫生。

我靜靜的退回 X 光室，沒讓她看見我。如果被人發現，她可能會丟了這份工作。我在心裡為她禱告，希望也會有人幫助她。一、兩分鐘過後，我再次把門打開，看到露西兒在走廊的盡頭推著清潔推車，好像什麼事也沒發生一樣。

從那天起，我對待露西兒更加友善和尊重。我在心中許下心願，將來如有機會我也要用這樣的方式助人。

當我們把正能量貢獻給集體的生命動力，個人的生命動力也會獲益。我們會覺得日子過得更有價值、更有意義。我們不只知道自己是整體的一部分，也知道如何與這個整體相連。我們與生命為我們安排的使命連上了線。

練習

5 步驟與他人建立連結

1. 想想你生活中最常遇到的朋友、同事、家人和鄰居，問自己：我的社群在哪些方面運作得很好？哪些方面又有待改進？你能感覺到與社群成員之間的連結嗎？你們是否互相依賴？

2. 回想你真正感受到社群支持的經驗，可能是一些小事，像是有人幫助你做家務、有人聽你哭訴心中的委屈、有人載你去修車廠取車等等。回想一下你當時的感覺。

3. 然後回想你曾經幫助或支持別人的經驗，想想你做的那件事，儘管只是舉手之勞，如何帶給某人快樂。回想一下，當你看到他們臉上的微笑，你心裡是什麼感覺。

4. 問自己：哪些關係需要你的愛與關懷？將你的愛想像成從心中向外擴散的同心圓。你能寬恕誰？哪些關係需要立

下更清楚的界限？如何從每個人身上找到值得結交的特質（包括你不喜歡的人）？如何豐富你的人際關係，並將生命的各個部分更緊密地連接起來？

5. 將雙手交握，如同祈禱般，請記住，你的愛是你最深的禱告，也是你人生最真實的表達。讓你的雙手感受連結與支持的感覺。以後，每當你需要提醒自己，想起身邊的人對你的愛，就可以這麼做。

每件事都是你的老師

—— 25 ——

挫折裡有寶藏

　　轉向生命是個過程。我們或許要歷經數年，乃至數十載，才能認識自我，明白我們在這世界的角色。這個過程由無數細微的瞬間構成，源於我們不斷做出的微小決定。問問自己：該如何從那個失敗或這個困境中尋找意義？該如何敞開心扉，接受這個契機，即便感到恐懼，甚至感覺被逼到絕境？事情已經發生，該從中帶走什麼？如何帶著這些意義繼續向前走？

　　當我們帶著好奇心，以及渴望從每件事學習的態度看待人生，我們會活出最好的自己。我認為這是我們活著的目的之一：從人生的種種經歷中，學習、成長、轉變。人生的每一課，都是讓我們的生命更有價值的機會。只要我們有勇氣去探索人生的智慧，人生就永遠有新的東西可以教我們。

　　如何找到這份勇氣，往往是我們最大的挑戰。

幾十年前的某天深夜，我獨自站在自家後院。當時我住在離鳳凰城一小時車程以外的地方。滿天的星星映照出仙人掌的輪廓。巨型仙人掌屹立在沙漠裡，帶刺的枝幹斜斜的向外伸出，蠟燭木的細長樹枝也伸向天上的星星。我身穿睡袍，穿著一雙舊拖鞋，舉起兩隻手臂向著天空伸展，像是表達我對命運的抗議。我覺得被拋棄、遭到背叛、被人遺忘，就像是一件掛在牆上掛鉤的舊外套，被主人撇下了。我站在那裡，仰天長嘯，無法相信自己的遭遇。

　　我一整天都穿著比爾的舊拖鞋。雖然我的腳很大，但這雙鞋比我的腳更大，我在家裡來回踱步，我的腳在鞋子裡滑動，鞋底拍打在地板上，發出啪啪的聲音。我想體會一下，穿著他的鞋子走路是什麼感覺。我想要明白，他的靈魂旅程到底發生了什麼事，導致他做了那些決定，把我的人生攪得天翻地覆，帶給我椎心刺骨的心痛。

　　毫無疑問，那是我人生中最難熬的階段。我稍後會告訴你更多細節。但首先，我想確知你明白一件事：我並不認為我的第五個祕訣很容易做到。

　　我不認為從人生中學到功課是很容易的事，尤其當我們覺得自己受到委屈、覺得不幸或是憤怒到快發瘋的時候。這是一個決心，需要強大的自制力。在人生的道路上，我們一定會跌倒、被打趴，或是搞砸了，沒有例外。

但這是我們靈魂之旅中最重要的事情之一。當它成為習慣，甚至可以帶來喜悅；人生中最艱難的時刻仍然會傷害我們，但從中學到教訓，可以幫助我們以更輕鬆的態度處理不那麼嚴峻的挑戰。當我們轉向生命，我們會發現生命也在轉向我們。生命一直想要告知我們一些事情，透過我們生活中出現的事件、人物和想法，與我們溝通，給我們機會表達感恩。但我們有在聽嗎？

我先說一個沒那麼驚天動地的例子。就在幾年前，也就是我穿著比爾的大拖鞋啪啦啪啦走的數十年之後，我做了一個艱難的決定：我不開車了。從大學時買了第一輛車起，我就非常喜歡開車，很享受那種自由自在的感覺。那輛舊舊的福特 A 型車，我很愛它。但我 100 歲時，視力開始衰退。雖然我的視力還是比一般人好，但我和我的視力都老了

我不再開車，因為生命對我說，是時候了。那天，我在熟悉的路上開車，卻開上了人行道。我開車一向很小心，這樣的事從未發生過。出事的原因是，我沒有看見路的邊線。我心裡清楚，我必須做出選擇。要不是裝做沒事，把它當做一次小意外，就是把車鑰匙交出去。我想到路上的人們，我的曾孫們騎著腳踏車，鄰居和朋友牽著狗，還有馬路上無數的用路人，他們和我一樣，都有活下去的權利。因此，我交出了車鑰匙。

如果沒有那次意外，我或許還會繼續開車。那次意外是個

響亮的警鐘，提醒我必須做出改變。當我開上人行道，我感覺生命在對我發出警示，我很幸運，能夠聽見並理解它的意義。

我一生大部分時間裡，都在尋找我應該學習的功課。因此，我的第五個祕訣是，每件事都是你的老師。當我們尋找這些生命課題時，我們就把注意力從我們所受的苦，轉移到生命本身。生活中的一切都成為了我們的老師。從這個角度看事情，讓我們的人生變成充滿生命力、會呼吸的歷程，也讓我們全心全意投入與回應跟我們生命交會的每件事，我指的是每一件事，沒有例外。

我很幸運，能夠及時領悟到「把車開上人行道」這件事的啟示。如果我沒有聽從這個啟示，我可能會面臨更嚴重的後果，害自己受傷或是傷害到別人。

黛比也曾經遇到類似情況。有一天，黛比發現自己的一隻耳朵突然聽不見。幾個小時後，她的聽力還是沒有恢復。她警覺到事情不對勁，於是去醫院掛急診。一開始，醫生也找不出原因，於是安排她去做磁振造影檢查。

結果她被檢查出有動脈瘤！她極其幸運，當時人在醫院，身邊全是醫護急救人員。若不是突然失去聽覺，她有可能活不到現在。她非常感恩發生這個意外事件，因為這個事件告訴她，有某件事不對勁，她因此撿回了一條命。黛比很感激生命給的警訊，讓她去就醫，如同我很感激我把車開上人行道。

我發現有人對感恩心存疑慮，認為過度強調正面思維反而可能帶來負面後果，亦即散發所謂的「毒性正能量」（toxic positivity）。這似乎是對正能量的否定；這個詞雖然才出現不久，但這個現象存在已久。

就在我穿上比爾的拖鞋那天不久之前，有一天，比爾和我在廚房聊天，他對於我說某件事「很好」感到非常生氣（或許這是事情後來走向的徵兆）。

比爾看著我，一副很火大的樣子。「你為什麼對每件事都說成很好？『這很好』『那很好』，這世界怎麼可能每件事都很好？你這種說法讓人很反感。或許別人不認為這些事很好，或許你只是拒絕承認事實。」

他的話讓我很吃驚，我花了一點時間才反應過來。我一直把樂觀視為我最自豪的特質之一。我緩緩的說，「嗯，因為每件事真的都很好。那是我看見的部分。我在每件事當中尋找好的部分，我看的是那個部分。」比爾卻不悅的搖搖頭。

我經常回想我們那次的對話，如果可以重來一次，我會這麼說：真正的樂觀沒有毒性，因為聚焦於正向的事物不代表否定負面的事物，也不代表我們與自己的痛苦切割，或是在有問題的時候假裝一切都很好。它是一種堅持，在任何情況下都能發現美好的一面。我們不會逃避自己的痛苦，無論是身體上或是心靈上的，我們會為傷痛悲傷，但也不會放棄從中學習的機

會，並感謝我們所得到的寶貴經驗。

看到生命給的啟示，讓我們即使在困難的時刻，也能感恩，例如失去聽力或放棄開車的自由。事實上，當我們遭遇最嚴峻的考驗（痛苦、損失、失望與心碎），正是生命要我們領悟智慧的時刻。

尋找生命的意義，是一件不容易的事，需要我們保持樂觀和懷有感恩的心。但我們是否可以做些什麼，讓這個過程更加容易？

首先，我們可以試著按捺住心中想要對戰的衝動。

—— 26 ——

擁抱生命，不再對戰

當出現挑戰時，我們很容易會覺得，全世界都在跟我們作對。對於不相信世界存在神祕秩序的人來說，生活中會遇到難以承受的事件、難纏的人或陷入困境，都是因為我們的運氣太差，或者更糟的是，對那些認為生命是神聖安排的人來說，人生中的種種困難，是對自己的懲罰，是自己的生命毫無價值所致。因此，每當遭遇挑戰，往往激起我們對戰的衝動。

然而，我們一生中會面對各種挑戰，儘管每個人或每個社群遭遇的挑戰和感受到的壓力不同，但沒有人（沒有任何一個人）能夠逃避這個事實：人生是艱苦的。面對挑戰，我們需要做的是改變觀念：從與生命對戰，轉變為展開雙臂，擁抱生命，就能改變我們看待世界的方式。

我小時候很好鬥，也很擅長打架。重讀一年級時，我練就

了不少功夫。兩個哥哥教我摔角，瑪格麗特和高登會瞪大眼睛在旁邊觀看。我用學會的新技巧保護自己和家人，不讓其他孩子欺負我們。他們會嘲笑我們家的生活，像是冬天去野外營地，或是幫助在當地社會受歧視的人。在印度，我們家人的經歷顯然跟一般人大不相同。儘管如此，隨著年紀漸長，我也渴望有朋友，融入同儕生活。

有一天，外交官的女兒克勞蒂亞嘲笑我，說我父母都在工作的事。她就站在那裡，一頭漂亮的金髮用髮帶綁得乾淨整齊，用英國口音說，我媽媽不可能是醫生，「她只是護士，工作的女人都是護士。」當她說「工作」時，輕蔑得像說老鼠或蟑螂。「大多數女人是不工作的，她們是好媽媽，待在家，請朋友來喝茶。」

我不記得我回了什麼話，但永遠忘不了，當我揮拳揍向她的鼻子時，她臉上驚恐的表情。

我也曾在遊戲場和一群男生扭打成一團，放學後和其他女生吵架開罵，用哥哥教我的右勾拳，結實的打在那些英國小孩的鼻子上。有個女孩梳了一頭美美的長捲髮，就吃過我的拳頭，她嘲笑我的衣著。那是我堅持自己挑選的上學服裝（母親覺得不妥，但尊重我的選擇）。其他孩子罵我是「笨蛋」，唱惡毒的歌嘲笑我，那時被排斥的感覺，曾深深刺傷了我。

有一天早上醒來，我突然意識到，除了手足外，自己連一

個朋友也沒有。那時我即將步入青春期，周圍的青少年開始在意社會的認同，而我突然意識到，自己的處境有多麼悲慘無助。我躺在床上，誠實面對自己，假如我不做出改變，恐怕一輩子都沒有朋友。我心想：「必須停止與人為敵。但該怎麼做？」無論是那時還是現在，我都是個有主見、不隨便讓步的人。我開始回想在我的周遭，哪個人最不會與人為敵。或許我能設法明白，他們為什麼可以有不同的觀點看待周遭世界。

我很快就找到答案。我的母親一向與人為善，從未跟任何人對戰、在泥地和人扭打成一團，甚至不會輕易把反對意見說出來，但她絕對不是一個隨便讓步的人！她總是能實現她想做的事，不需要跟誰對戰就辦到了。

我開始回想，她如何用愉快的態度和幽默感面對每一個挑戰。她從不輕易否定別人的觀點，即使她不贊同對方的話，還是會對那個人保持好奇，並尋找他們身上有價值的部分。她展現的智慧，是個懂得愛自己的人特有的：既堅定又柔軟，就像我們旅行時，在市場上看到的柔軟絲綢。

我意識到，如果我想快樂的生活，並與他人建立關係，就不能再跟那些嘲笑我的孩子鬥氣對戰，必須用更積極正向的心態與他們相處。我要向母親學習，以她為榜樣。我必須把幽默、智慧、自我價值，以及能夠運用的所有資源，都投入到我遭遇的人際困境中，讓我能夠應對他們的攻擊，而不必反擊。

那一刻，改變了我的人生。從那時起，我漸漸開始可以與他人建立深厚連結。很多人很難相信，我曾經是個孤獨、沒有朋友的人。回想起九十年前的那些日子，我意識到，影響我最深的就是觀點的轉變。我學會與周遭世界和解，與人為善，不再與生命之流對戰。

我決定順應生命的流動，而不是跟它對抗，特別是在遭遇困境時。我讓生命成為我的老師，傾聽它的教導，即便有時我不認同，有時我很痛苦。我把能量用在發掘每個挑戰的意義，而不是浪費在改變無法改變的事情。這樣做讓我更加堅毅，卻又不失柔韌，就像絲綢一樣，就像我母親一樣。

有很多時候，我們對於一些正在經歷的事情，無法理解，只能感受。那一天，我躺在床上，心裡有了突破，我以為只是克服了社交上的困難，卻沒想到對我日後影響深遠。那個簡單的道理，與周遭世界和解，不再對戰，成了我人生中最寶貴的領悟之一。那是我從痛苦、孤單、排擠，以及對未來的絕望中，提煉出來的智慧。在那之前，我感覺不到喜悅或光明，只覺得沉重與黑暗，但那也是我人生轉折的開始。

這是人生中許多事情的真相：挑戰會驅使我們向前邁進。我想起了偉大的精神科醫生和心理治療師艾瑞克森，他在我家客廳的小型討論會，後來演變成臨床催眠專業工作者引以為豪的組織。艾瑞克森對意識的興趣（包括意識與無意識，以及兩

者如何互相搭配運作），始於他十幾歲時因為罹患小兒麻痺而長期臥床的經歷。

他利用自己的理論，透過儲存在無意識的肌肉記憶，重新訓練癱瘓萎縮的雙腿，恢復走路的能力。數十年前，我還沒有認識他的時候，他曾因小兒麻痺後症候群飽受折磨。那段日子，他一定經歷無數的痛苦與挑戰，不是一般人能夠想像的。然而，正是他獨自探索出來的意識與神經系統的理論，造就了他的偉大，讓他能夠投入他熱愛的專業領域，並創造對人類有益的成果，影響至今。

艾瑞克森學會與存在他神經系統裡的病毒對話，並從那裡學習自己大腦的功能。而我也因為學會面對自己沒有朋友的現實，並從中汲取教訓，然後才明白，不應該與自己的生命對戰。我和艾瑞克森的經歷不同，但我們都調整了自己的觀點：我們都必須改變自己用力的方向，不再只看自己失去了什麼，而是看自己能獲得什麼。

沒有挑戰，我們就不算真正活著。我很擔心看到今天有許多父母極力保護孩子免於面對挑戰。當我們不讓孩子們冒險、面對恐懼的事物，我們其實是害了他們。我們讓他們與真實的世界脫節。這對他們有害，因為他們將會是永遠長不大的小孩，這也對家長有害，因為必須一輩子保護自己的孩子。但我並不是說應該讓孩子接觸所有的東西。小兒麻痺疫苗造福了這

個世界，就連我母親也強迫我們小時候要穿鞋子，以免遭到蠍子與蛇的傷害。不過，少許的危險對孩子是有益的。

許多靈性之路，都將成長與受苦連結。我們無法完全避免自己不受傷害，也不應該過度保護孩子，什麼事都不讓他們做，限制他們對外探索。孩子需要明白，他們能成長和自癒。他們必須受點小傷、經歷一些小挫折，才能學會這個道理。我們這些大人也一樣，需要用自己的成長故事，向孩子展示，如何在經歷痛苦之後，重新找回生命的力量。

像這樣重新引導能量的方向，是一種選擇。要做到這一點，我們需要把最高層次的自我展現出來，特別是在面對嚴峻挑戰的時候。這樣的選擇會對我們的生活體驗產生深遠的影響，幫助我們重新投入周遭世界，貢獻自己的最佳狀態，也獲得最美好的回報。

當我們要做出重要的選擇時，常常需要動用我們的意識來努力思考。但如果我們遇到的挑戰太大，沒有足夠的動力去做有意識的思考，又該怎麼辦呢？這時候，我們就要借助意識之外的其他力量，助我們一臂之力。

27

夢的指引

　　我們的意識會是好夥伴，如果我們能與它和諧相處，正向思考能為生命和健康帶來驚人轉變。但當挑戰發生，儘管已很努力，也無法保證每次都能立刻打消抗拒的衝動，就算已下功夫去修練面對現實的習慣，但當突發事件發生，或是反覆出現同樣情況時，我們仍有可能無法冷靜思考，並因此陷入低潮。

　　當遭遇艱巨的挑戰，正是我們探索夢境的絕佳機會。不妨這樣想：當怎麼思考都找不到出路，你還是可以去好好睡一覺，看看夢裡有什麼啟示。

　　夢境是我們一生中不可或缺的一部分，也是我們的潛意識和無意識的語言。有時，我們在夢中遇見對我們有影響力的人，如導師、祖先或舊識。有時，我們在夢中找到問題的解答，或者至少幫我們從新觀點來看問題。不管你是否相信夢來

自你之外的某處或某人，都無關緊要。夢境無論是來自外在的指引，還是內心的啟示，都對我們有幫助。

人類透過夢境尋求指引，已有數千年的歷史。在《舊約聖經》中，雅各的兒子約瑟夢見自己的命運，就是經典案例。不同文化的巫師都倚賴夢境的啟示，夢的解析也是佛洛伊德學派和榮格學派心理學的基礎。有些人的夢境會預示未來的事件，例如林肯總統，據說他在遇刺前一夜，就夢到自己被刺殺。夢境在許多文化、宗教和時代中，都被視為智慧的來源。

我常以夢為指引，做出人生的選擇和決定。我也鼓勵病人這樣做。但這不代表我們要按夢境去解讀。夢常用象徵語言傳達訊息。如果平時不慣用象徵思考，你可能覺得自己無法解讀夢境中意象。你或許心想，「我怎麼知道如何解讀夢境？」

重點在於明白一件事：你的夢來自你的心智（或是你的導師、你的最高自我、你的祖先或過去的人生，視你的信仰而定），所以你是最能為自己解夢的人。夢境是你的心靈之窗，夢中的象徵物可能隱含著深刻訊息。如果你覺得你的夢有意義，那麼它們或許真的如此。

1970 年代時，有位女性來參加我的整合健康工作坊。她的人生故事令人心碎。她有兩個兒子，有一天，她發現丈夫對其中一個兒子施暴。她斷然跟他離婚，她的丈夫也因此入獄。後來，他假釋出獄，她毫不知情。結果，前夫竟然把兩個兒子

都擄走了。我遇見她時，他們已失蹤多年，音訊全無。在那個年代，警方尋找失蹤人口的方式非常有限。她認為這輩子再也見不到她的孩子了，並為此傷心欲絕。

她的處境令人同情。我無法對她說，應該原諒前夫，或是「試著克服」悲傷、醫治自己的創傷，或採取其他行動。世上有些令人遺憾的事，就是無解，我們真的無能為力。

我能為她做的，只有讓她的餘生不再那麼痛苦。她的悲痛，有一個很明顯的表徵：她夜夜難眠，因為她總是做著同一個噩夢。夢中，她看到前夫站在廚房裡，冷眼旁觀她的孩子倒在血泊中。她揮舞著一把菜刀，想向前夫報仇。但他每次都會在最後一刻將兒子拉過來擋住自己，讓她的刀子刺進孩子的身體。多年來，這個噩夢一直折磨著她。

她和孩子們遭受的一切，讓她心如刀割。我幫助她察覺這個夢境隱含的訊息，她對前夫的怨恨，只會讓她陷入無盡的痛苦，無法給予兒子渴望的母愛。她意識到，她對前夫的仇恨已將她吞沒，耗掉她大部分的能量。她應該把這份力量轉化為愛給她的孩子們，他們或許正面臨無法想像的困境。她的恨無法幫助他們，只有她的愛才能照亮他們。

我無法改變現實，讓她的兒子回到她身邊。我能做的是為她的靈魂之旅創造新的情境，幫助她從痛苦深淵，提煉出愛的功課，將焦點轉移到對兒子的愛。雖然這無法改變她對那個事

件的感受，但她的生命動力轉向了，這正是她的夢境要告訴她的事。她的夢要她把能量導向有建設性的地方。

夢境常指引我的病人了解他們的人生目標、健康狀況和決定。當我們的意識無法解決問題時，夢境會幫助我們看見問題根源。如果你也想嘗試從夢境得到指引，該怎麼做比較好？

第一步是請求夢境出現，並準備好接收訊息。不管你是否相信靈性或超自然世界，你都可以用心理學的角度來看待這個過程，就是讓你的潛意識透過夢境，揭示你不清楚的事情。

當你得到所請求的夢，接著你要從中尋找有象徵意義的東西。它們對你有什麼意義？夢裡有任何人出現嗎？對你而言，那個人代表了什麼？有很多時候，夢的氛圍才是最重要的，從夢的情節可能看不出任何意義。但夢給我們的感覺可以解答我們的疑惑，也可以引導我們找到新的觀點。

最後，記下夢境，有助於理解它的意義。歷經時日，你的觀點也會變，這很正常！記下愈多，夢也愈清晰。這樣做，潛意識就知道夢很重要。用文字、繪圖或錄音，記下重要的夢境。這個練習可以讓你從中找出更多意義。

記錄夢境是一生的練習。隨著年紀增長，夢也會愈來愈豐富。當我們遇到一些反覆影響我們的問題時，就更能體會這個練習的好處。無論這些問題是生理的、心理的、靈性的，我們都會遇到某種類型或三者皆有的長期挑戰。

—— 28 ——

當你總是在受苦

　　如果我們將每件事都視為老師，就會相信，無論當下有多困難，這段經歷是值得的。尤其在面對一再重複出現的挑戰時，甚至不必掙扎或苦思，就能自動轉換觀點。

　　這個說法是有科學證據支持的。研究顯示，思考模式會影響慢性疼痛的處理方式。這也是為什麼醫生常會建議慢性病患（如罹患類風濕性關節炎或偏頭痛的人），嘗試認知行為治療法。類風濕性關節炎和偏頭痛都是會讓人無法正常生活的慢性疼痛，最麻煩的是無法預測，不痛則已，一發作起來就會劇痛。這些慢性病的症狀會反覆出現，而且每次發作的模式都很相似。如果我們能改變對疼痛的認知，就有機會打破這個惡性循環，並產生顯著的效果。

　　有些人雖然飽受慢性疼痛的折磨，卻能以疼痛為動力，投

入有意義的活動。前面提到完成朝聖之旅的艾芙琳，是個積極樂觀的人。多年來，她飽受慢性疼痛之苦，但學會用畫畫度過疼痛發作的痛苦時刻。她用畫筆抵抗疼痛，直到痛苦變成喜悅、狂喜和解脫。她稱這些作品為「痛苦信號」的藝術。艾芙琳展現了敞開心扉，轉變視角，就能創造奇蹟。我深信，這是慢性疼痛要教給我們的重要功課之一：正視我們的觀點所產生的力量。

有位罹患黃斑部病變的病人，視力日漸模糊，對許多人來說，這是令人害怕的過程。但她卻說，她在走向失明的路上看見了更多。她對我說：「我或許正在失去視力，但我沒有失去展望的能力。」她學會接納這個過程，並善用其他感官來感受世界。她更清楚地知道，她想要用僅剩的視力做什麼事。她的視力衰退令人遺憾，但她的心態讓她能夠將挑戰轉化為目標，甚至鼓舞了其他人。

我用了一個世紀的眼睛，視力已衰退到不適合再開車，甚至連閱讀都有困難。艾芙琳的話激勵了我。在家裡，我聆聽有聲書，或想像未來的計畫。我有更多時間展望未來，這讓我心存感激。

有時候，一再重複出現的挑戰，能讓我們發現自己一直以來忽略的事。最近，我幫助了一位叫莎瑞特的患者。莎瑞特是一位創意工作者，這個職業很適合她，但她因為工作長時間使

用電腦，以致右肩持續緊繃和疼痛，讓她工作得愈來愈辛苦，尤其在新冠疫情期間，必須花更多時間上網。她問我，她該怎麼辦。我沒有直接回答她，而是反問她一個問題：她小時候或青春期，是否常常用到右肩？她說，她以前是壘球投手，用右手投了好幾年的球。她說到這裡，臉上表情變得嚴肅起來。我請她多說一些與壘球有關的回憶。她跟隊友相處得好嗎？喜歡打球嗎？

她望著窗台上的植物，視線飄過我的肩膀，憶起過去。她急切地說，她喜歡壘球，但語氣很快變得不再那麼堅定。「我想，那是我爸的期望、不是我的夢想。他要我打壘球，我只是想討他歡心。我投球的技術確實進步了，可是我不確定，壘球是不是我的首選。」

我覺得這個說法不太尋常。「那你會選什麼？」我問她。

莎瑞特臉上一瞬間閃過光彩，卻又很快露出落寞神情。「我當然會選擇跳舞。我一直夢想成為舞者，」她告訴我，學校旁邊有間知名的舞蹈教室，她的許多朋友都在那裡學跳舞。但莎瑞特的父母不讓她去，擔心舞蹈教室會灌輸她一些關於身型的刻板印象。他們不想讓女兒在年幼時就受到這些觀念的影響。他們鼓勵她去打壘球，卻也無意中給了莎瑞特一個錯誤的訊息。「我當時覺得，他們讓我去打壘球，一定是因為我沒有跳舞的資質。他們可能沒這個意思，現在我自己也有小孩，我

能體會他們的心情。但那是他們當時給我的想法。」她轉頭看了我一眼，然後咬緊了嘴唇。

我鼓勵莎瑞特在日常生活中享受跳舞的樂趣，不是為了表演，純粹為了自己而跳。於是在家工作的她，開始利用工作空檔，抽出五分鐘來跳舞。漸漸地，她的肩膀不再緊繃了。她曾經錯誤地認為自己是「資質不夠好」以致不能去學跳舞的壘球選手，這種身分認知讓她痛苦不已。事實上，她的疼痛在提醒她，她有能力跳舞。成年後的莎瑞特已經可以自主決定自己的生活。現在阻礙她跳舞的唯一因素，是她自己。

莎瑞特來求診的那天，她領悟到，當她開始覺得肩膀愈來愈緊繃時，她能選擇站起身來跳一下舞。緊繃的肩膀代表一個邀請，而她選擇接受這個邀請。這就是慢性病的神奇之處；一再給我們機會，練習尋找應對選項，並做出選擇。

我在診所接觸過許多慢性病患者。這些疾病不僅難以診斷，也難以治癒，所以內科醫生經常把他們轉介給整合治療的專家。這些疾病顯然涉及多種複雜因素，並且因人而異（其實我認為，幾乎所有疾病的作用都相同，但不是所有人都贊同我的看法）。

我喜歡治療慢性病患，因為他們常會把症狀和生活連結在一起。他們試過各種「快速解決方法」卻沒有效果，所以願意從更寬廣的角度思考問題。

我長期追蹤兩位中年女性的紅斑性狼瘡，這是一種慢性病。在治療過程中，我發現她們的症狀和療效有所不同，原來對一個人有效的方法，對另一個人未必奏效。

　　一位患者名叫珍娜，她的病情一直在好轉。我看著她不斷成長，面對症狀的心態愈來愈成熟。生病促使她開始嘗試不同的飲食方式，改變睡眠與運動的時間，並且把社交生活的步伐放慢。她從紅斑性狼瘡學會了如何過更平衡的生活。她每次來我的診間，都是笑容滿面，儘管她在日常生活中必須面對種種不適症狀，包括嚴重的頭痛、關節痛和發炎等等，卻仍然保持這麼強的正能量，令我非常驚訝。

　　另一位患者蘿拉卻有一種卡住的感覺。她不只是病情停滯不前，她身上的能量也是如此，好像有些東西讓她無法或不願放手。我並不是忽視她的遭遇；紅斑性狼瘡是一種嚴峻的病，對患者的生活會造成重大影響。只不過，蘿拉似乎更關注她的病，而不是她的生命。因此，即使我把治療珍娜的方法也用在蘿拉身上，蘿拉的症狀就是一直沒有改善。

　　在治療她們兩人的過程中，我常常感嘆，假如蘿拉能有珍娜的部分心態，該有多好。兩位女性都承受了很大的痛苦，都因身體的發炎問題深受困擾。然而，蘿拉似乎一直在受苦，而珍娜大多數的時候並沒有受苦。珍娜的紅斑性狼瘡沒有削弱她的生命動力，反而成為她學習的動力。她向自己的身體學習人

生的功課，找到自己的目標和方向，向對她無益的食物與活動說「kutch par wa nay」（這並不重要），並且練習愛自己，倚靠社群。她從疾病中學會如何活出最好的人生。我不知道該如何讓蘿拉學會珍娜明白的道理。

要了解兩位女性如何用截然不同的方式面對她們的遭遇，就得先了解，當遭受令人震驚的創傷時，我們會經歷什麼。有時候，生命中會發生一些讓我們措手不及的事，例如被診斷出罹患嚴重疾病、財務危機，或是感情破裂，面對這些痛苦，我們能從中學到什麼？當我們的心靈、身體和期望都被摧毀時，我們如何說服自己，從逆境中找到啟示？

29

面對最難熬的時刻

現在，是時候告訴你，我人生中最難熬的時刻了。在我即將步入 70 歲時，我的第五個祕訣遭遇前所未有的考驗。

我 80 多歲時，有次旅行遇到一個人對我說，我看起來如此快樂，一定是因為我的人生「一帆風順」。我大笑並回答說，「其實你什麼都不知道！」我剛走出人生最痛苦的十年。全世界都知道我的苦楚，我們社群裡的每個人都知道比爾和我發生了什麼：他拋棄了我們的夥伴關係（包括婚姻和事業），另結新歡，和我們診所的一名護理師在一起。

大家不知道的是，這不是比爾第一次想要結束我們的婚姻。這件事我從來沒告訴過任何人。我們住在俄亥俄州的時候，比爾就曾跟一名護理師搞外遇。雖然我一直有所懷疑，但他從沒有向我承認。我選擇相信他。直到有一天，他突然對我

說，過去六個月他都把離婚協議書放在公事包裡，希望我盡快簽名。我們那時有四個孩子都還不到 10 歲，離婚在當時並不普遍。我非常震驚，我沒有做錯任何事。比爾在外地服役的那些年，我獨自一人照顧孩子、經營我們的診所。我撐得很辛苦。我向比爾表明我的看法：我們在婚禮上互許終身。我們遵守那個承諾已經十二年，一起創造人生，也有了下一代，我想跟他繼續生活下去。無論哪裡出了問題，我們都可以解決。

我們大老遠跑到堪薩斯州做了一週的婚姻輔導。我按照諮商師的建議，努力讓自己變得更溫順（還有一個我聽不懂的詞彙）。諮商師說我太固執，我的抱負給人一種跋扈的感覺。比爾和我的互動方式（彼此分享想法、長時間討論哲學思想、以事業夥伴和配偶的身分一起工作）並不健康，因為那不是夫妻該有的互動方式，更不是妻子該做的事。當時是 1950 年代，我被教育了許多關於女性角色與順從的概念。我和比爾結婚時，我以為他是個與眾不同的男人，想要一個不同於一般人的妻子。原來，我錯了。這個醒悟令我失望且困惑，但我把它放在心上，並做了讓步，讓比爾扮演主導的角色。

不久之後，比爾帶我們全家人搬到亞利桑那州，開始發展我們感興趣的整合療法。我心想，他的確想要一個夥伴，不只是一個妻子。我們的合作關係愈來愈密切，我們的友誼也是。這兩種關係在接下來的數十年有很大的成長。我們一起帶領了

一個個工作坊、大型會議和座談會，我們製作刊物，寄給世界各地的人，親自為每個信封貼上郵票。我們一起創辦的診所聲名遠播、名利雙收，這個社群裡的許多朋友把我們的婚姻視為榜樣，兩個優秀的人結合在一起，可以創造出各種可能性。比爾和我常聊天聊到深夜，我們促成彼此產生新的理解，並想出新的可能性。我們一起教養兒女，合作無間。我們在亞利桑那州又歡喜的生了兩個孩子。在我看來，婚姻諮商師的建議把我們推向下一個更美好的人生階段；只要我在大多數的爭論中讓步，並且讓比爾在公開生活中扮演主角，我的活潑與好奇是可以被接受的。我們的孩子長大成人，成家立業，我們變成了祖父母。日子就這樣一天天過去。

然後有一天，就在比爾第一次提離婚三十五年之後，他要求讓一位護理師成為我們診所的主管，那代表我必須卸下原本的領導職務。他的提議讓我覺得很奇怪，那位護理師雖然優秀，但並不擅長領導；事實上，診所裡沒有任何一個人喜歡她。喜歡她的，只有比爾。比爾和她會一起出差，有時候在辦公室工作到很晚。我問過比爾好幾次，他們之間的關係到底是怎麼回事，因為他們的互動愈來愈密切，但他總是一笑置之。

我並未答應晉升那位護理師，而是讓他到我們喜歡的安靜靈修地橡樹溪谷好好想一想，決定是她還是我來領導診所。

那個週末我一直禱告，希望我認識的良善比爾能覺醒。我

心中的格拉迪絲（還想跟人對戰的我）與格拉迪絲醫師（糾正格拉迪絲的睿智諮商師）做了許多對話。格拉迪絲很害怕，但格拉迪絲醫師很確定，接下來無論發生什麼事，格拉迪絲都能安然度過。

接下來發生的事，是最糟的情況，至少在當時看起來是如此。比爾回家後粗魯的把一封信遞給我。他已經先把這封信寄給我們六個已成年的孩子，以及我們診所的董事。信上寫著，他的靈魂需要獨處，因此，他要跟我離婚。我在其他人已得知這件事後，才被告知。比爾寫道，那是完成他的靈魂之旅必要的一部分。我猜，我的靈魂之旅不在他的考慮之內，儘管我們已結婚四十六年了。

那天晚上，他到客房睡，不久後就搬出去了。

他離開的時候，把所有的個人物品幾乎都帶走了，或許是要證明，他不會再回來了。那雙舊拖鞋是他留下的少數物品之一。他離開後，我每天在家裡走來走去，獨自嗚咽啜泣，試著讓身體一直動，以免自己被恐懼吞沒。我不時盯著那雙拖鞋，覺得它好像在對我眨眼。

最後，格拉迪絲醫師開口了，「格拉迪絲，媽媽總是說，要了解一個人，必須穿著他的鞋走路。去把比爾的鞋子穿上，試著去了解他。」我遵從她的指示，一整天穿著那雙拖鞋，在家裡走來走去，直到深夜，走到後院。我獨自一人站在那裡，

仰天長嘯。

幾個月之後，比爾寄了一封信給我，那是他的喜帖。他要跟那個被他提拔為主管的護理師結婚，並讓她管理我們的診所。他們把我逼走，因為他們要自己經營那個診所。原來，他的靈魂從來就不需要獨處。

儘管我有所懷疑，我一直願意相信比爾的說詞，他們只是好朋友。我也覺得，反正我們的婚姻很穩固，我們在各方面都是夥伴。他的離開摧毀了我們的關係，他寄喜帖給我，是為了讓我清楚知道他做這個決定的理由，我們結婚的這幾十年只是一齣鬧劇。我這輩子從來不曾遭受如此大的傷害與羞辱。

他除了把喜帖寄給全世界，還寄到我的新診所。我悲憤的撐過那一天。但在開車回家的漫漫長路上，我的雙手緊緊抓住方向盤，我在高速公路上飛馳，同時開始尖叫。那種感覺不是我在自家後院痛徹心扉的悲傷，而是更深層的東西，一開始是呻吟，然後演變為怒吼，最後變成大吼。那是憤怒，純粹的憤怒，就像我小時候在遊戲場注入我的右鉤拳的那種憤怒，以及要求我用對戰手段來求生存的那種憤怒。我向上帝怒吼、向比爾怒吼、向宇宙怒吼、向生命怒吼。我大吼大叫了大約十分鐘。我覺得我停不下來，我發現我並不想停下來。

然後，就像我突然開始大吼一樣，我突然安靜下來。

在那一刻，我意識到有個不知名的東西正朝著我而來。格

拉迪絲醫師出現，並掌控了局面。在那一刻之前，對我來說，我的未來就是與比爾維持婚姻關係。但在那一刻，一個我從來沒想過的未來在我眼前展開。在那個未來，有一些東西值得我心存感恩。我的前方出現了一個機會。那個體驗能教我一些事情，即使我不知道那是什麼。

我想起了我的母親，她就像絲綢一樣柔軟與強韌。我想起了其他女生在大學叫我「快樂的俏臀」（Happy Bottom），這是我的名字 Glad-ass（開心的屁屁）的委婉說法。我不能改變比爾的決定，但我能改變我對這件事的回應，而且不管怎樣都要開心。「即使是現在，仍然有值得感恩的事。」格拉迪絲醫師如此說，於是格拉迪絲回去乖乖開車。幾天後，我去申請新的車牌，這個車牌在我的車尾掛了很多年，上面寫著：要開心（BE GLAD）。

我在鳳凰城都會區四處穿梭，所有人都知道，我的婚姻是在眾目睽睽之下被結束的，但我依然心存感恩。我把車子停在新診所的停車場，這個新診所是我和女兒赫蓮娜設法取得私人貸款成立的，因為我已經過了一般的退休年齡。我某一部分的自己知道該怎麼做，於是我聽從了那個聲音，而且學到了功課，並發現人生會一直向前進。

不管被傷得多麼深，不管對於當下處境多麼不知所措，我們內心永遠有一部分知道該怎麼做。永遠有一個微小的聲音能

夠引導我們度過生活帶給我們的挑戰。我把那個聰明的自己，叫做「格拉迪絲醫師」，你可以用任何名稱來稱呼睿智版的自己，我敢保證，那個版本的你一定存在。每個人都有足夠的智慧，幫助自己度過最難熬的時刻。我們必須這麼相信。

當面對人生中最艱難的挑戰，就像我在車裡的那一刻，我們依然可以選擇尋求智慧，尋找教導，不管多痛苦，都能重新點燃我們的生命動力。當這種情況發生時，我們會有感覺，覺得自己振奮了起來，我們的身體動作突然感到無比自由。這感覺非常強大，因為它就是如此。

然後，生命繼續向前進。新的挑戰不斷出現，我們繼續在選擇光明的決心中搖擺。治癒不是在選擇的那一刻發生，而是一個持續的過程。然而，當我們向前行，神奇的事會發生：我們開始能從過去的痛苦，汲取愈來愈多的智慧。我們發現，能不斷從過去的傷痛學到功課，這些功課會影響我們如何迎向未來的一切。

── 30 ──

一關又一關，經歷再經歷

　　將生活視為一位老師，意味著只要我們還活著，就有更多的功課等著我們去學習。不必急躁，這些人生功課在該來的時候自然就會到來。

　　比爾離開後不久，我的媳婦芭比（一位牧師）溫柔地提醒我：「這只是你人生織錦的一小部分。若你湊得太近去看，只會看到織錦背面的絲線與線頭。但當你退後一步，整幅畫的美景將逐漸在你眼前展現。」她是對的。

　　我花了許多年的時間，才修完離婚這一課。那天，當我坐在車裡，尋找人生給的教訓時，我的心態在一瞬間發生了變化。我意識到我還有很多事情要學，還有很長的路要走。

　　在接下來的那幾年，我逐漸領悟到，即使我仍願意維繫這段婚姻，但比爾渴望與他人共度餘生，就足以構成我們分開的

理由。我曾強迫自己扮演他心目中的好妻子，這一度對我們的關係有幫助。然而，那可能正是我們婚姻出現裂痕的起點：我退居幕後，讓比爾主導我們的生活與事業。假如他不是居於主導地位，我會接納他帶回家的那些人與新觀念嗎？如果他沒有堅持搬往西部，我是否會同意一同前往？

一直以來，我把他的需要看得比我的需要更重要，這開始對我的靈魂使命產生負面的影響。加上我過去總覺得自己不夠聰明，這些因素讓我在工作關係中一直由他主導。但這麼做，對我們的婚姻已無益處。我讓他撰寫刊物文章，請他修改我的演講稿，在我們的署名「比爾與格拉迪絲‧麥加莉醫師」中，成為他的附屬品。

成為「格拉迪絲醫師」獨立生活後，我的靈魂學到許多寶貴的功課。離婚時我感覺像是來到人生的盡頭，但在那之後我又開心活了三十多年。現在，我想告訴你，我的世界並未因此停止。事實上，我的人生變得更豐富精采。我開始寫作，靠自己的力量成為領導者，成為了我一直想要成為的人。與女兒赫蓮娜共同創辦了新診所，已經營四分之一個世紀。

在那段艱難的日子，我經歷許多考驗。其中最痛苦的是失去兩位女兒。安娜莉亞堅強又聰慧，安妮蘿則在 50 歲時因癌症離世。我的四個手足也相繼去世。失去親人是人生中最悲痛的事。死亡本身就是個挑戰，包括失去親近的人、失去寵物，

甚至對窗台下小鳥的逝去感到哀傷。我們需要學會在生活中為逝者留下空間，同時感激生命中的美好，因為每個人遲早都要經歷死亡。死亡是日常生活的一部分，隨著生命的消長而存在。我們必須體驗死亡帶來的悲傷，這樣才能真正地活著。我們應該讓孩子們體驗死亡的悲傷，並且在生命中勇敢面對死亡，這樣我們才能與活著的現實連結。

離婚也是一種死亡，卻也是重生的契機。我從中學到的，幫助我走過悲傷。「要開心」不只是我的車牌，也是我的人生哲學。那日車內的片刻，雖未改變一切，卻是轉變的起點。這與我在童年學到的功課相呼應，並且更深刻：當我們選擇不再對戰，新世界將向我們敞開。

儘管如此，我還是花了十年的時間，才逐一解開心中的憤怒與背叛之痛。最終，我領悟到自己仍深愛著丈夫，實際上，我對他的愛至今不減。我仍舊鍾情於那個與我結縭數十年的比爾。他是我的夥伴和朋友。他的靈魂與我的靈魂注定要一起同行，而我們已經走完了那段路。

當我深入反思，我學到了新的一課。多年來，我一直是比爾的妻子。在他剛離開那幾年，我仍然緊抓著這個身分：比爾的前妻，一個被遺棄的人。處理這些身分需要時間。但當我走出陰霾，我選擇擁抱一直存在的身分：比爾的朋友。即使他幾年前去世，我相信我們是彼此的朋友。我們的生命曾緊密交

織，未來肯定會以某種形式相遇。我們共同學習了許多，我們的緣分肯定還沒結束。

在人生旅途中，過時的身分往往會帶給我們痛苦。若將人生視為老師，我們自然成為學生，這是個寶貴的角色。無論我們是為人子女、父母、兄弟姊妹或朋友，或許擁有信仰、靈性追求，甚至是無神論者，無論我們的國籍或政治立場如何，將自己視為生命的學習者，是最重要的身分。一旦認同了這個身分，不管你遇到什麼，挑戰或喜悅，好事或壞事，都是成長的過程，每個經歷都是有價值的學習機會。

事實上，從生命中學習，甚至能讓某些掙扎變成喜樂。

我是從珍娜和蘿拉身上學到的，她們是前面提過的兩位罹患紅斑性狼瘡的患者。我後來發現，她們對於自己的疾病有截然不同的看法。有一天，我先為蘿拉看診，她的症狀顯然未見起色。幾個小時之後，珍娜來看診，她已戰勝病魔。看到珍娜成功克服疾病，我想到蘿拉。我問珍娜是否曾將痛苦視作是自己身分的一部分。

她說：「完全沒有。我會疼痛，我有紅斑性狼瘡，但疼痛和紅斑性狼瘡不是我。」她描述如何處理疼痛發作，她會把她的「朋友」放在教室另一頭的一張椅子上。她把自己當作疾病的老師，總是在教室的另一頭放一張空椅子。每當疼痛來襲，她會看著那張椅子，在心裡想著，「疼痛，你好好坐在那裡，

我不准你起來。」她們坐在同一間教室裡，不過是分開坐。

我覺得珍娜的方法很特別，於是當我再次遇見蘿拉，我問她是否將痛苦視作自身的一部分。她驕傲地回答，與紅斑性狼瘡共存使她變得更堅強。她指著窗外說，「其實，我也像你一樣訂製了車牌。」我看向停車場，發現她的車與我的車只隔幾個車位，車牌上寫著「LUPUS」（紅斑性狼瘡）。

我坐在那裡，感到驚訝。她完全誤解我的車牌重點：我認同的是我想模仿的特質，而她認同的是她正在克服的疾病。我從未意指她為紅斑性狼瘡所受的苦是自找的。但我終於突然明白了她的疼痛為何如此嚴重。

我努力引導她，把自己的身分與症狀區隔開來。我希望她明白，雖然她體驗了紅斑性狼瘡的痛苦，但不要以疾病來定義自己。這點很重要。我真希望我能說，她聽懂了，但事實上，她並沒有。在我治療她的那段期間，她一直因為紅斑性狼瘡而承受很大的痛苦，同時開著一輛一直提醒她這件事的車子，四處趴趴走。

當你正在面對非常難熬的事，或是像我一樣在比爾離開之後向宇宙怒吼，你需要認知到你的挑戰有多艱巨。先是感受其重量，讓它提醒你此刻的重要性。這是一個關鍵時刻，也是自問的好時機：我必須學會什麼？這個經驗可以教我什麼？如何從其他的觀點看這件事？然後，如果你辦得到的話，讓自己開

心起來！

當你還無法對當前的處境心懷感激時，不必自責。重要的是，你選擇了去嘗試，這本身就值得感激。試著露出微笑，甚至放聲大笑。即使沒有可笑之事，即使你對問題的解決毫無頭緒，也要勇敢地笑出來。提醒自己，事情發生在你身上，不代表這是你的過錯，而是你是唯一能翻轉情況的人。

你也可以像珍娜一樣，問問自己，房間裡還有什麼東西？環顧四周，除了痛苦、憤怒與悲傷，還有什麼？是否有座椅，讓挑戰得以安坐，或是其他家具與角色，如喜樂、好奇與驚奇，共存於此？在這個房間，除了你的存在，還有什麼？你站在何處？你的困境，是否定義了你，還是你不只如此？

要改變觀點，需要一點時間練習。頭幾次練習的時候，你可能會覺得很不習慣，甚至有點勉強。但你愈常練習，就會變得愈自然。堅持下去，這個簡單的行動最終將豐富你的生活，帶來更多的快樂和意義。

當我們把每件事視為一個選擇，把每一刻視為學習的機會，我們就不再退縮。我們明白，生於世間，就是要在人生的跌宕起伏中，暢快淋漓的活著，直到生命的最後一刻。

8 步驟學習人生的功課

　　這個練習並不容易，更像是一種修行：透過一次又一次的習作，希望將來有一天能學會這些功課。記得在過程中，永遠對自己溫柔、和善。

1. 我們慢慢來，先從那些比較溫和的回憶開始。回想你在人生中曾透過哪些事，學到許多寶貴經驗。這些經驗可以是簡單的，也可以是中等程度的，但請避免選擇太過艱難的回憶，以免引發強烈的情緒反應。

2. 回顧你在那段經歷中學到的寶貴教訓，以及這些功課帶來的美好事物。用心感受那股正能量，就像陽光一樣灑在你身上。你正為接下來的練習累積力量，所以先讓自己好好享受這股正能量。

3. 當你準備好的時候，開始想一想你現在遇到的某個困難。

這可能涉及你的身體健康、情緒、人際關係、財務、周遭的世界，或其他方面。挑一件有難度的事，讓你感到不公平或委屈的事。

4. 開始從不同的角度來思考這個困難。先問自己一些問題：從更大的格局來看，這對我的靈魂有什麼意義？我能從中學到什麼？我能從這個挑戰性極高的經驗中，得到哪些智慧？這些智慧又如何改變我與過去、未來或現在的人生的關係？它能教我什麼？想像幾年後的自己，回顧這段挑戰，你從中學到哪些寶貴的東西？它如何幫助你成長與改變，讓你的人生更豐富精采？有時候，要走出痛苦或煩惱是很困難的事，但請你努力嘗試，因為痛苦中蘊藏著許多禮物。

5. 請求一個夢降臨，讓它幫助你看見被你忽略的東西。好好睡一覺，讓你的潛意識引導這個過程。當你得到夢境之後，一醒來就把夢境記錄下來，愈詳細愈好，包括那些不合理的情節。

6. 思考一下你記錄下來的夢境。你可以怎麼解讀它？夢中出現的人物、地點、語句、行動或事件，如何幫助你了解你正在面對的挑戰？

7. 無論你獲得什麼答案，都要對這些答案心存感激。這並不意味著你要感謝這件事的發生，而是表示你能從中找到一

小部分積極正面的事物，這已是奇蹟。無論你找到的東西多麼微不足道，對於你學會的任何功課，都要心存感激，感謝你自己有勇氣尋找答案。

8. 完成上述步驟後，雙手合十，拇指靠在你的心口。這個手勢（又稱 namaste hands）是全球共通語言，它代表「感謝」的意思。根據印度斯坦語，namaste 的意思是「我向你鞠躬」。在這個練習中，我們向生命鞠躬，因為它是我們的老師。

不羈地揮灑能量，
你是來體驗生命的

31

能量是一種投資

　　前面提過，孩提時期的我，曾被同儕排擠，除了家人，沒有朋友，直到有天，我突然意識到，自己並不想這樣孤單過一生，於是我開始做出改變，與人為善，不再與周遭世界對戰。從那時起，我就將每一天的能量全都投入到喜樂與美好的事物上，這使我擁有長壽且幸福的一生。我的快樂是如此明顯，以致許多人都會問我，到底有什麼祕訣。以前我總覺得這個答案很難言喻，但現在，在進入百歲後，我終於可以解釋清楚了。

　　以前覺得生命的奧祕難以用言語說明，因為答案的核心是能量。生命本身就是一股能量。

　　在我豐富的人生旅程中，我曾治癒過許多患者，撫慰了無數疲憊的靈魂。在講台上，我多次嘗試以淺顯易懂的方式解釋什麼是能量，我不想把它講得很玄。實際上，它就在我們的生

活裡，一點也不神祕。熱力學第一定律：能量不會憑空產生，也不會無故消失，它只是從一種形態，轉變成另一種形態。這個世界由能量構成。這股力量環繞在我們周遭，也流淌在我們體內。無論蘑菇、花朵還是毛毛蟲，都由能量構成，我們也是。我們的生命動力是一種有方向性的能量，也是能量流經我們的方式。生命動力展現了能量從何而來，以及將往何處去。

因此，要活得好，只需學習如何將能量導向生命。我們需要將充滿愛的關注，引導到心跳脈搏中，找到能量在我們身體的流動節奏，然後整個人沉浸其中。當我們這樣做，生命便會煥然一新，充滿活力、喜樂的互動。在愛的流動中，每一天、每一刻都能體會到幸福滋味。我正是這份奇蹟的見證者。

要做到將能量導向生命，我們必須徹底改變對於生命的既有認知。生命會探尋更多生命力，生命的奧祕在於開拓，不在固守。我們被召喚去擁抱靈魂深處的自由節奏，探索每個當下存在的意義，尋找能一再激發我們生命動力的泉源，並將這股動力源源不斷地奉獻給這個熱愛與追求。

你可能已經注意到，我在書中一再提到生命動力、能量與愛這三個概念。因為對我來說，這三者實際上是同一個東西。我的第一個祕訣希望幫助你尋找內在的生命動力；第二個祕訣帶你探索生命動力流向何處；第三個祕訣揭示，生命動力是由愛啟動的，因為在某種程度上，生命動力就是愛；第四個祕訣

展現如何透過社群的力量，擴大我們的愛與生命動力；第五個祕訣敦促你，即使在最艱難時刻也不要忘記這些道理，從各種歷練中學習人生的功課，並轉化成為你前進的助力。

第六個祕訣，也是最後一個祕訣：不羈地揮灑能量，你是來體驗生命的。當我們將前五個祕訣融會貫通後，就能夠有意識地將生命的動力投資在有回報的地方，取得源源不斷、流動不息的正能量與生命之光。簡言之，一旦我們的能量與生命之間建立了連結，我們便與宇宙的源頭建立了共享互惠的關係。我們不需再只為自己製造能量（這是一場永遠打不贏的仗），因為能量不會憑空產生，也不會無故消失。我們將能量投資在生命裡，當能量水平降低時，只需重新借用就能取得。

第六個祕訣最難解釋清楚，所以我把它列在最後。不像一般理解的「感覺」，我們需要動用最深層的理解，超越理性思考，直接進入身體與靈魂。在這個祕訣中，我強調「不羈地」揮灑你的能量，而非「有智慧地」，因為智慧固然可貴，但太多人將它視為理性的智慧。第六個祕訣指的是超越束縛的智慧，是我們身體本能的智慧，也是宇宙生生不息循環的智慧。當我們選擇轉向可增進能量的地方時，自然會遠離那些耗損能量的事物，不再讓它們占用我們過多的心神。

我們處於個人主義盛行的時代，現代文化鼓吹「自我至上」與「獨立自主」的觀念。在這樣的背景下，我們可能會懷

疑：當我跟比自己更巨大、更重要的事物建立連結時，那我會變成什麼？這是否意味我不厲害或不重要？在這樣的思維模式下，我們學會囤積資源，無時無刻不在思考如何謹慎保存、聰明的使用個人資源，以確保擁有充足的儲備。

然而，用這樣的眼光看世界，會造成對於匱乏的緊張與執著，這種執著會抵抗生命本身的流動。但我敢說，如果你能閱讀這段文字，意味你的心臟仍在跳動，血液在你體內循環，你仍在呼吸。這些都是生命動力的證明，顯示你還有能量可使用。當我們被困在恐懼的牢籠裡，不再運用我們的能量，我們不只阻擋了從我們流向世界的生命動力，也阻擋了本來要從世界流向我們的生命動力。

我們對於「不足夠」的恐懼源遠流長，可追溯到古老的年代。最近關於表觀遺傳學的研究，也就是基因會因應生活經驗「開啟」或「關閉」，而這個變化會遺傳給下一代，這顯示我們仍然在回應我們祖先面臨的挑戰，即使這些挑戰在今天對我們來說已不再是威脅。

我們的祖先可能曾活在物資匱乏的時代。在我們年幼時，父母和長輩或許無意中將他們的焦慮傳給了我們。於是，他們的恐懼變成了我們的恐懼。

許多患者會問我一個問題，而這個問題的核心正是這種恐懼在作祟：他們想知道，我是怎麼讓自己這麼長壽的，因為他

們擔心自己所剩時間不多了。許多人對於食物、注意力與金錢也有同樣的擔心：萬一不夠，該怎麼辦？然而，活在這樣的恐懼之中，只會讓這種恐懼變得更加強烈。

想要汲取生命動力，就必須翻轉現況，不是更吝於付出或單向索取，而是明智的給予能量。問問自己：在哪些方面，我已經足夠？什麼是我可以給出去的？我所能提供的，又將如何開啟互惠的循環？這些問題聽起來違反直覺，甚至讓人想要迴避。但當我們把自己的能量視為一種投資，就會看見新的可能。不再只是盯著空虛的帳戶感到困惑，而是可以問自己：最近我往自己的生活中投入了什麼？

許多人都聽過一個說法：當我們付出愛，就會得到更多的愛。有些人甚至在自己的孩子或孫子年紀還小的時候，這樣教導他們。但我們往往忘了，這個原則同樣適用於大人，而不只是孩子。生命動力、愛與能量，這三者是可以互相轉換的，因此當我們付出時，自然會得到更多。當我們知道要將能量用在何處，以及如何投注能量，這個宇宙的法則就會開始運作。

── 32 ──

該把能量投入在哪裡？

　　要克服我們對能量耗盡的恐懼，不妨將目光投向那些我們的愛能自由流動、無所畏懼的地方。讓我們望向最珍愛的、能喚起內心深處美好感受、幫助我們成長茁壯的人事物，讓這份深沉的愛引領我們，感知並利用內在與周遭蘊藏的能量。

　　幾個月前，我獲授權閱讀父母在印度傳教期間寫給教會領導人的信件。這些信是母親每月撰寫的報告，持續近五十年。信中說明他們治療了哪些病患、治療的原因，以及資金的具體使用情況，並表達希望教會能夠提供更多資助。1916 年，在多年積極勸說教會之後，我的父母終於在現今的北阿坎德邦（Uttarakhand）成立一所婦女醫院。那是當地第一家婦女醫院，在那之前，婦女只能在野地醫療營接受治療，當地醫院並不開放給女性。

在經營醫院四年後，我的父母收到一封教會寄來的信。信中提到，由於經濟不景氣，教會無法負擔他們所有需求。他們必須做出抉擇：結束野外醫療服務？還是關閉婦女醫院？

這段故事後面的部分，我在小時候就曾聽聞。母親說，她與父親曾花了整整一個月的時間，帶著一頭背負補給品的騾子和負責照料這頭騾子的小男孩，一起攀越山頂被白雪覆蓋的高山。他們將所有孩子托付給阿亞和另一位宣教士照顧。她向我講述這個故事時，我以為自己是留在家中的孩子之一。但從那些信件的日期來看，他們上山的時候，我還在母親的腹中。

當時，我的父母應該知道母親已懷孕，畢竟他們都是醫生，而且已生養了三個孩子。他們也清楚，攀登喜馬拉雅山充滿風險。他們肯定感到身心俱疲，母親可能還經歷孕吐，這是許多懷孕婦女初期常見症狀。他們內心還有許多事情要擔憂，包括可能不得不關閉他們的醫院，以及即將面臨的種種挑戰。即便如此，他們還是決定啟程，帶著腹中的我，以及他們當時人生中最艱難的挑戰與抉擇，靜靜地走入大自然的懷抱。

我的父母很喜歡冒險，對未知世界充滿熱情。他們熱愛喜馬拉雅山。當面對重大決定時，他們總是將心靈投向那些令他們內心澎湃的事物。那時並不是攀登喜馬拉雅山的恰當時機；對大多數人而言，其實任何時候都不是好時機。但對我父母來說，正是那高聳入雲的山巔，讓他們找到了做出決定的力量與

智慧。當他們從山上回來時，已做出決定：他們要繼續辦野地醫療營，關閉醫院。

我的父母不受傳統束縛，過著令人難以置信的生活。他們從未停止前進，不曾保留他們的能量。但他們只將自己擁有的一切，投入在他們熱愛的人事物上，絲毫不浪費在其他地方。

我的母親對於其他美國女性看重的事物毫不在乎。她會打扮得體，但比起裝飾用的髮帶，她更看重打字機的色帶。她終其一生都非常重視幽默感，即使在晚年跌倒受傷，被緊急送往醫院，躺在急救擔架上，承受強烈疼痛時，仍然不忘記說笑話，好讓我們不要擔心。她微笑著對我和父親說：「我們的老母馬已不復當年勇了。」

她之所以那麼做，是因為她知道一件非常重要的事：只要她還擁有絲毫能量，就會選擇把它用在能帶來喜樂的事物上。當她看到我們因她而笑容滿面，她便知道自己的付出已獲得最美好的回報。

把能量投入到我們的熱愛，是很重要的事。這有助於我們轉向生命，並得到正在等著我們去取用的能量。但這並不表示，我們應該時時刻刻都將能量耗盡。每個人都必須找到適合自己的節奏，並隨著能量的轉變來調整自己。

生命隨著節奏而流動。森林有它的節奏：即使經歷野火洗禮，仍能在灰燼中重生；人的身體有節奏：出生、學習一連串

功課，然後死去；農耕有節奏：我們翻土、播種、照料和收成，然後讓土地休息。古老經文常提到，擁抱這種自然節奏的靈性意義，像《聖經》〈創世記〉提到，第七天是安息日。

你的生命節奏，唯有你方能揭曉。以我母親為例，她在懷孕期間，仍去登高山；而我，選擇坦率接受每一天地邁入百歲人生；你也有你的節奏。

休息是生命律動中不可或缺的。在生長的黃金時期（嬰兒期與青春期），是我們最需要休息的時候。正如許多植物選擇在夜幕低垂時綻放生長，我們也需要在靜謐休息中生長。

休息也是治療過程中很重要的一部分。我曾告訴許多正在分娩的女性，要在子宮收縮期之間休息和放鬆。這麼做可以讓子宮的收縮更有效率，也給產婦完成分娩所需的能量。這顯示了休息能帶給我們原動力，以及對我們的重要性。

隨著年齡的增長，我們的睡眠模式自然會變化。進入老年，睡眠時間可能會縮短，但這不一定意味「有睡眠障礙」。在貼上任何標籤前，我們應該考慮這是否真的是個問題。當然，有些人可能會遇到失眠問題，這可以透過多種治療方法來解決。然而，對於其他人來說，睡眠時間的減少可能只是自然的生理變化，他們只是進入睡眠時間減少的生命節奏，所以不一定是個問題。

對我來說，睡眠時間減少從未是個問題。夜裡醒來時，我

不會感到焦慮，反而會專注於帶來喜悅的事物。我會思考對我形成挑戰的事物，想一想我的目標和計畫，或是回想曾出現在我生命中所有美好時光和人們。這不是失眠，假如我需要睡眠，我的身體會自然入睡。當我入睡時，這種休息能恢復我的原動力，幫助我把最高品質的能量注入次日活動。

當我睡著時，我會做很精采的夢。隨著歲月流轉，我的夢境也變得更豐富精采。我到全新的世界遊歷，獲得新的洞察，而這一切，都發生在我溫暖的床上。即便身體睡著了，我的靈魂卻依舊活躍，每個細胞都充滿生命力。那是我身體最自然的休息方式。

真正的休息，是一種行動。這應該是我們所做的事，而不是什麼事也不做的狀態。在休息時，我們應該以溫柔和善意對待自己的身體，讓它可以恢復活力。我們需要滋養自己的心靈，放慢腳步，全心體會當下一切。

這與懶惰大相逕庭。在我看來，懶惰意味著我們未將生命的動力融入集體的脈動之中；我們選擇保留，不願奉獻，拒絕參與。這種心態實際上會消耗我們的原動力。休息的意義卻恰好相反。當我們休息時，我們有意識的把能量投注在對我們最重要的事物。我們提醒自己，正朝著那些能夠激發我們最佳狀態的正面與美好事物前進。真正的休息，是尊重我們的身體，以及我們在此生的靈魂使命。透過這種方式重新獲得活力，使

我們能夠毫無保留的將一切投入對我們最重要的事物。

毫無保留的投入，有時會帶來更多的恐懼，因為許多人擔心自己會匱乏。然而，正是在這些時刻，奇妙的事情可能會發生。就像天使在我們最需要的時候出現一樣，有時當我們覺得自己即將完全耗盡某樣東西時，它又會回到我們身邊。

—— 33 ——

為奇蹟預留空間

1930 年代末，貝拉姑姑從印度回到美國。她的旅程有些曲折，她一路搭便車，穿越中東、亞洲和歐洲，最後搭上郵輪，抵達美國東岸。當時住在紐約，個性堅毅、舉止優雅的瑪麗姑姑，開車前來接她。我猜瑪麗姑姑已受夠了貝拉的胡鬧，一心希望她能安然返家。

貝拉姑姑登上碼頭時，手裡只提著一小袋衣物，因為她把其他衣物都送給別人了。她的模樣相當狼狽，瑪麗姑姑險些認不出她來。

瑪麗姑姑把貝拉帶回家，讓她好好梳洗一番，還為她買了得體的衣服。但貝拉一概謝絕，讓可憐的瑪麗姑姑傷透腦筋。瑪麗姑姑想幫貝拉的孤兒院募款，但貝拉就是無法按照瑪麗姑姑的期待，去迎合名流貴婦的認可。貝拉能帶領小組禱告、暢

談她的信仰，以及設立孤兒院有多麼重要，但她的言行舉止，卻與瑪麗姑姑的朋友們所期待的優雅淑女形象，相去甚遠。

有一天，貝拉姑姑外出數小時後才回來。回到家時，她身穿瑪麗姑姑買給她的新絲襪，但腳上穿的是一雙破舊的鞋子。瑪麗姑姑滿臉不解地問道：「貝拉，你究竟做了些什麼？我不是剛為你買了一雙新鞋嗎？發生了什麼事？」貝拉姑姑露出微笑，一派輕鬆的說，「哦，我穿這雙鞋就可以了。我交了一個新朋友，她需要我那雙新鞋。她遇到了一些困難，流落街頭。我們的腳剛好一樣大。」

「貝拉！這雙鞋子上面有很多洞，你不可能穿這雙鞋度過冬天。」幾分鐘後，瑪麗姑姑抓著貝拉出門，再幫她買了一雙新鞋。

後來，在家族聚會時，這個故事總會被提起，每個人聽了之後都哈哈大笑，包括瑪麗姑姑。這故事已成為我們家族傳統中不可缺少的一環，它足以說明貝拉姑姑的人生哲學，她堅信，只要心存慷慨，她所給予的一切在繞過幾圈後，終將再回到她的身邊。她之所以深受我們每個人的喜愛，其中一個原因便是：她提醒我們，當我們理解自身的能量如何與世界的能量一起流動時，我們可能會經歷什麼樣的神奇事件。有時，我們必須先付出一切，才能得到一些什麼；唯有當我們這麼做了，真的把我們擁有的一切給出去，生命才會開始把能量送回來給

我們。宇宙這個偉大的「銀行」似乎在問：「你真的需要這筆貸款嗎？」當我們回答「是」，我們的願望就會實現。

我們還是有我們應該負的責任。貝拉姑姑就算只有那雙破舊的鞋子，還是能安然度過冬天，她也樂意這麼做，這就是「去冒衡量過的風險」。假如我們想要不枉此生，就必須冒一些險。當我們不願意拿能量來冒險，就會開始守住自己的能量，並失去自由不羈的本性。到最後，無論我們多麼小心翼翼，都可能因為恐懼，失去一切。

我們如何判斷哪些風險值得一試？在何種情境下，我們付出的能量會轉化為投資，為我們帶來更豐富的回報？

這些問題的答案往往因人而異，與每個靈魂的精確藍圖息息相關。我們永遠不知道生命中會遇到什麼悲劇或奇蹟。每個人一生中都經歷過一些不可思議的事，那些事都是我們靈魂旅程的一部分。這就是為什麼我想要透過這本書，引導你認識你是誰，以及你來到這裡是為了做什麼，這樣你就可以與你的內在醫生連結，並向他提問，解答許多問題。

同時，我想分享一些忠告。有些事幾乎永遠不值得我們投入太多心力。我希望你現在已經明白，對過去的惋惜、鑽進自憐的牛角尖裡，以及負面思考，通常不會帶來好處。除非這麼做有助於改變當下和未來，前面提到的五項祕訣能幫助你加以分辨。

另一方面，那些能夠激發你內在原動力的事物，永遠都值得你去追求。我的哥哥卡爾熱愛他在國際衛生領域的工作，即使已邁入 90 歲高齡，身患癌症且病痛纏身，仍不懈地進行演講。他在 2010 年與世長辭，但在他生命的最後幾天，依然站在講台上，傳遞他的知識與熱忱。

要知道該把能量用在哪裡，需要先了解生命的哪些部分正在流動，又有哪些部分阻塞了。當你感覺生命的某處停滯了，就把能量導向正在流動之處。不要把能量浪費在卡住的地方，耗費寶貴的能量。

愛永遠值得你投入能量。無論何時，都要全心投入你所愛的事物、所愛的人，以及你愛的方式。愛是生命動力的源泉，永遠為你存在。

好的社群也值得你投入能量。我的姊姊瑪格麗特得知自己必須在養老院度過餘生時，心情雖然沉重，但她決定善用這個處境，以積極的態度面對這個新階段。後來，她結交到知心的朋友，並加入樂團打鼓，用阿亞當年教她的方式打鼓。她在新的人生時期找到了新幸福，因為她欣然接受了新的社群，在其中找到了歸屬感。當生命走到了盡頭，瑪格麗特躺在床上，輕唱著旋律，她說阿亞正在床邊陪著她。

我們也要尋找能引導我們能量的人生功課。在我將近八十年的行醫生涯中，我觀察到，懂得這個道理的患者所受的苦是

最少的。芭比・沃夫（Bobbie Woolf，不是我的媳婦芭比）是個很好的例子。

芭比在剛學會走路時，一次意外讓她跌入滾燙的柏油。緊急送醫後，醫生們救回她的生命，但她的腎臟受到嚴重的損傷。她的童年時期大多在醫院度過。後來，她開始可以在週末回到家中，甚至重返校園。但她必須穿戴一個特殊裝置，身上接管子，讓排泄物流到衛生棉。她很難交到朋友，部分是因為她的特殊情況，另一部分則是因為她很少有機會與其他孩子相處。醫生也告知她，她的壽命可能不會像其他人那麼長。

幸運的是，她並不相信這個說法。

在高中時期，芭比成為了一名運動員。儘管她因為切除了一側的腎臟，導致椎脊側彎，但這並未阻止她投入多種運動。她的堅韌不拔和熱愛運動的精神，讓她在運動社團中結識了許多朋友。這些友誼幫助她克服了社會的異樣眼光，並向其他女孩傳達了一個強大的訊息：她的與眾不同並不可恥，反而證明她的生命是個奇蹟。

童年時期的痛苦掙扎，鍛造了她堅不可摧的自信。她很早就學會分辨，什麼值得她投入能量、什麼不值得。她一點也不在乎別人異樣的看法，對醫生宣判她可能壽命不長的說法也沒有放心上。她把生命動力全用來探索自己身體的各種可能性。她把愛投注在朋友與兒子身上。

前面提到需重建脊椎的蘇珊，也不在意大多數人對她的看法；那些人的想法不會幫助她，但她對自己的想法幫助她得以痊癒。這使得她非常相信自己的直覺。她從教職退休後，有很多年的時間，把生命動力用來改變校園裡的暴力風氣。她的原動力源源不絕，因為她一直把愛用在對她有意義的事物。當她過世時，她捐出大體，讓科學界研究發生在她身上的奇蹟。

這兩位女性透過她們的生活掙扎，學會了辨識對靈魂至關重要的事物。她們將所有的熱情與能量，投注於這些重要的事。她們的人生因此變得豐富精采。

在我們的生命旅程中，什麼值得我們投入能量？這個問題對於不同的人，在不同的時刻，有不同的答案。學習聆聽內心的智慧，是分辨如何以及在何處投入生命動力的關鍵。唯有當我們真正活著，全然投入生活，才能領悟這個道理。我們的存在就是為了與生命共舞。生命的運作之道很簡單：你要花時間去嘗試、去體驗，即使屢遭挫敗，從經驗中學習，你會成為更好的人。

說實話，我無法告訴你什麼才值得你投入能量，但你的生命能給你答案。

當我們用這種方式活著，每一刻都轉化為解答這些提問的機會：我該投注多少生命動力在這件事？又該投入多少生命動力在那個人身上？我們發現自己愈來愈懂得對微不足道的事物

說「kutch par wa nay」（這並不重要），正如多年前母親教導我及兄弟姊妹所做的。這個過程本身變成美好的事，它能喚醒了我們的生命。

當我們練習這麼做，難免會遇到那些耗盡我們生命動力的想法與事物。有時，這些困擾只是過眼雲煙，歷經時日，自然會淡出我們的生活。但當某些活動、地點或某個人會大量消耗我們的生命動力，而我們又無法或不想把它們從生活中剔除時，該怎麼辦？我們如何找到方法，在不完全捨棄的前提下，改變我們與那些事物的關係？

— 34 —

培養正能量

　　我和你分享的許多人生領悟，其實可以歸結於一個核心：觀點的轉變。當我向病人闡述能量運用的概念時，許多人立刻採取反向解讀，思考如何節省自己的能量。這是個常見誤解，因為他們採取的是負面觀點。這種觀點已經根深柢固，以致他們根本未意識到自己的思維模式。但我能夠察覺到這點，因為我總是從正向觀點來看待每件事，無論是什麼事。

　　在辨識生活中哪些才值得投入能量時，若發現某事物、地點或人物正在耗損我們的精力，並不意味必須將它們從我們的生活中剔除，只需要有意識地用不同的能量來應對。我們要掌控主導權，思考怎麼把彼此的互動關係，從負面轉為正向。

　　撐過離婚的煎熬，可能是我所做過最困難的事。即使在我決定「要開心」很久之後，我依然很難對這件事注入正能量。

當然，我能夠對餘生注入正能量，也可以對還不了解的一切事物心懷感恩。但要對離婚這件事釋懷，就困難多了。

在那段時間，比爾和他的新婚妻子基本上跟我的生活已沒有交集。我們很少碰面。但在情感與心理層面，他們在我的生命中卻占有一席之地。後來，我逐漸走出婚變陰霾，因為我終於領悟到，一直陷在對比爾新婚妻子的思緒中，只會消耗我的能量，而我根本不欠她什麼。因此，我真的放下了，就像把花瓣撒在水中一樣。我對她沒有怨恨，也不會再浪費能量在她身上。這個決定讓我可以把大量的生命動力，轉移到更有意義的事物上。

但我不想把比爾從我的生命中刪除。在我們結婚那天，我承諾要永遠愛他。那個承諾並沒有隨著我們的婚姻結束而終止。我已經原諒比爾所做的決定。但我意識到自己對他的情感仍舊帶著些許陰影，我的生命動力仍以負面方式向他流動，這連帶使我變得不再那麼有活力和生命力。

每天早上，當我去診所上班，那個曾經與我攜手同行的比爾，也如影隨形。每天傍晚，當我獨自坐在家中，凝視天邊橘粉交織的餘暉，沙漠中倒映著巨型仙人掌長長的影子時，比爾也與我同在。令人難過的是，那個比爾，已不再是我熟悉的那個人。

我設法跟宇宙和解，並從我必須學習的每件事當中，找到

值得開心的部分。儘管如此，心中的傷痛未曾放下。離婚的陰影不斷侵蝕著我的能量，無論我努力讓自己注入活力，那股力量卻總是迅速消逝。一想到我對婚姻的記憶一直停留在它結束的方式和伴隨而來的心碎，就令我心力交瘁。

然後，有一天，從這段離婚的傷痛中，我又學到新的一課。就在我 79 歲生日那天，我做了一個夢。

在這個夢境中，我們一家人圍坐在家中那張寬敞的橡木餐桌旁。孩子們和比爾都在，母親也來了。她輕柔地吻了我的臉頰，對我說：「告訴他，他現在必須離開了。」於是，我轉過頭來對比爾說，「你必須離開了。」

比爾站起身，與我吻別，然後朝著大門走去。這時，我才發現，他手中握著百條銀繩，緊緊地綁住了我。我被迫站起，跟隨他的步伐走。我試圖掙扎，但無法掙脫。

這時，我看見孩子們與母親全都站起來了。他們每個人手裡都拿了一把剪刀，接著將繩索一一剪斷，直到我完全掙脫。比爾似乎渾然不覺，彷彿他對繩索毫無所悉。他走出大門，走向車道，上了車，揚長而去。

然後，我就醒了。我知道那些繩索象徵的是負能量，而不是我與比爾的連結。

在接下來幾年，我將純粹的愛奉獻給曾與我步入婚姻的比爾。我將生命中的活力與他分享，將愛獻給我們的婚姻、共度

的時光、孩子們的有趣話語，以及我們事業上的成就與驚喜。同時，我不再將生命動力給予那個離我而去的比爾，因為他已是陌生人。我選擇將能量投入有成效的事物，避免浪費在徒勞無功之處。我有意識地對比爾釋放正能量，這股能量滋養著我的生命，而非消耗它。

現在，當我憶起比爾，我想到的是那份愛。

當你在分辨什麼值得你投入能量，又該如何投入對的能量，才不會導致自己的生命動力枯竭時，我建議你這樣做：你若不喜歡某活動的某部分，卻仍希望它存在你的生活中，你可以把你給那個部分的能量，從負能量調整為正能量；若你不喜歡某個人的某部分，但你想讓那個人留在你的生命裡，你可以改變你與他的連結，包括你們的互動方式，以及他在你心目中的樣子。從中找出你真心喜歡的部分，把你最好的一切給它，把你的生命動力投資在那上面。

實踐的方式有很多種。我有個好朋友，多年來一直住在一棟有大院子的房子。後來，她被迫住進一個小公寓。一開始，她很不習慣，很懷念過去在大庭院裡種滿花草的日子，也很想念望向窗外就能看見鄰居庭院的時光。現在，她的窗外只有磚頭和水泥。於是，她開始在陽台上培育觀葉植物，一盆又一盆，直到那裡變成她的小型綠洲，甚至還有自己種的小番茄。她將所有的愛和關注都投入在這個迷你庭院，讓它充滿生機。

如今，她的新家也變得和舊家一樣，充滿了愛與回憶。

我的另一個病人艾瑞克，在新冠疫情結束後，開始重新審視他的職業生涯。他發現自己希望繼續遠距工作，不願意返回傳統辦公室的束縛。但他的主管有不同看法。隨著遠距工作令解除，艾瑞克無奈地重返每日朝九晚五的工作節奏。經濟壓力使他無法輕易更換工作，於是我帶著他思考與釐清遠距工作的哪個部分最吸引他。他逐漸領悟到，他珍視的是在日常生活中與鄰居間建立的深厚連結，以及能夠與愛犬共享更多時光。他對公司那些枯燥無味的晨間會議，感到極度厭惡，在他看來，那些會議毫無意義，只是在浪費時間。

艾瑞克向主管說明他的想法，於是他們一起安排了一些午休活動，讓不同部門的人員能有一些工作以外的交流。這樣的社交連結使他們在辦公空間偶遇時，不再覺得生疏，也讓晨間會議變得更活潑有趣。艾瑞克發現，當他把能量用在與同事連結，會議就變得不再那麼無聊；他不再一心等著會議結束，而是開始期待和大家一起開會。最重要的，艾瑞克的主管同意，讓他在工作日偶爾可以帶他的愛犬來上班，這也為辦公室帶來了歡樂愉快的氣氛。

上述例子提醒我們，要追求快樂，需改變的往往不是外界事物，而是轉移關注的焦點，這才是我們得到自由的關鍵。

—— 35 ——

轉移你關注的焦點

當生活中的某些事物引發你的負面情緒，你面臨一個選擇：要轉移對該活動、人物、想法或場所的注意力，還是持續關注？若選擇繼續，你要做的就是從中找到正向的部分，並將你的能量投入其中，專注在真正重要的事物。不要只坐在那裡跟你的負能量對抗，而是要盡你所能，**轉移關注焦點**，付出你的正能量，才能得到正能量。

我有個患者名叫巴利，在我們認識的幾年前，被診斷出患有慢性疲勞症候群。那時他已 70 多歲，剛當上祖父。慢性疲勞通常是潛伏性病毒導致的，像是 EB 病毒（Epstein-Barr）或是造成萊姆病（Lyme disease）的蜱媒細菌。但許多人體內有這些病毒與細菌，卻沒有慢性病的症狀；不知何故，他們的能量似乎以不同的方式被引導。因此，當我治療這些疾病時，我不

會只看病原體是什麼，還會關注患者如何使用他們的能量，以及把能量導向哪裡。

　　巴利坐在診間椅子上，感覺整個身體陷在其中。他看起來不只 70 多歲，不是因為他的外表，雖然他的頭髮都白了，皮膚也顯得格外鬆垮。他向我描述他的症狀。儘管睡眠時間很長，卻仍感到沒什麼活力。他白天常坐在客廳的躺椅上看新聞，消磨時光。而他的太太則忙著照顧花園裡的植物，以及每週和朋友一起打橋牌，這些曾是他們會一起去做的事。巴利說：「她的動作雖比三十年前慢了點，但仍是活力充沛。我是說，她讓自己忙個不停，這是我絕對不會做的事。她從早忙到晚，熱衷於各種事，還喜歡跟朋友打電話聊天。我常想，這就是所謂的黃金歲月嗎？還是我只是老了？」他張大眼睛，突然覺得尷尬，意識到眼前是個比他年長 20 歲的人。

　　我注意到他走進診間的樣子，步伐沉重，還有點駝背。他肯定有哪裡不對勁。他的生命動力似乎在迴避他；生活在他周遭繼續進行，他卻沒有參與其中，這不僅僅是因為他錯過了幾場橋牌遊戲。

　　「你怎麼運用你的能量？」我問他。

　　「什麼能量？」他哼了一聲，臉部稍微扭曲了一下，冷淡的問道。然後，他突然露出微笑並問，「你所謂的能量運用到底是什麼意思？醫生都說，我應該多休息。」

「沒錯，你是應該多休息。但當你沒在休息的時候，你喜歡你所做的事嗎？你享受你度過時光的方式嗎？你投入能量所做的事，能為你帶來正能量嗎？」

「我好像沒有從這個角度想過這件事，」他緊張又不自在地回答，「我以為我應該保留我的能量。」

我開始詢問他的童年，想更了解他看事情的觀點，對於運用能量，他為何有這麼多顧慮？

巴利告訴我，他的母親非常排斥冒險。現在的他能夠體諒她的擔憂，因為她過往生活中有很多令她焦慮的事，他不怪她反對冒險。他的童年與我兒子的一位朋友頗為相似，那個孩子出門玩耍時總是戴著手套。巴利的母親常提高聲音警告他，在遊樂場上不要爬太高，也幾乎不讓他獨自外出玩，連自家門前的院子也不行。他告訴我一段印象深刻的往事，他們家位於僻靜小巷，但母親不准他在巷內騎腳踏車，擔心他會被車撞到。後來，他就不再騎腳踏車了，當其他同齡的孩子騎著腳踏車在小鎮裡自由穿梭，他的大多數時光，都是在家中度過的。

「雖然我喜歡獨處，」他笑著說，表情顯得很真誠，「但我不想被撇下。我覺得我當時其實想要探索外面的世界。」

巴利在青少年時期，開始與同齡的孩子有更多的互動。別人做什麼，他就跟著做什麼，雖然是跟風，但那些都是他喜歡的活動。有個朋友加入了籃球隊，他也加入了籃球隊。另一個

朋友去上某一所大學，他也去那所大學就讀。

「我知道別人喜歡什麼，也知道我應該喜歡什麼，但我不知道自己真正喜歡的是什麼。此外，我不想讓任何人失望，尤其是我太太。」巴利說。

巴利和我討論後一致決定，他需要找出自己真正喜愛的事物，不管他的太太會不會失望。

我們也討論到該如何改變他對運用能量的看法，同時不再設法保存能量。他立刻發現，看電視對他沒有任何好處。所以，當他坐在沙發時，他不再看電視，而是開始把自己的人生故事寫下來。當他把記得的故事全寫出來後，他開始虛構新故事，想像他可能會去探索的地方，以及他會在那裡做什麼。他很喜歡把這些故事唸給孩子和孫子聽。

他已經退休，時間不再被綁住，於是他開始獨自出遊，到森林裡的小木屋住上一個月，或自己一個人到海邊度假。他開始到沒去過的地方旅遊，甚至參加海外旅行團。後來，巴利的太太不想再獨自照顧整個院子，於是他們做出決定，換間較小的房子居住。如此一來，當巴利出門旅行時，她仍可以把家中小院子照顧好。

一年後，巴利回來看我。他告訴我，他現在變得更有活力了。當他獨自去旅行的時候，他又開始騎自行車了。他已經有六十多年沒騎過自行車了。他對於文字的熱愛依舊，享受在寫

作後精雕細琢每一個字句。儘管比壯年時期，他現在的休息時間較長，但他不再感到疲倦。現在的他，覺得人生很充實。在休息時，他還會善用時間規劃他想做的事。

他很開心的分享，他的太太也變得更快樂了。在他長時間窩在沙發看新聞，什麼也不想做的那段期間，有愈來愈多原本是他們兩人分擔的工作，都落到她的身上。日復一日的夫妻作息方式，也漸漸讓她感到疲憊。她很喜歡他們現在的小房子和小院子，也很喜歡擁有自己的時間。她不再需要消耗自己的生命動力來照顧巴利的心情，因為他終於學會了自我調適，能為自己的心情負起責任，這讓她感到如釋重負。巴利說，他們的婚姻像是經歷了一次微妙的重生，就連他們的孩子都注意到父母變得更有活力了。

巴利在 70 多歲的時候，開始把能量用在對的地方，這些活動為他帶來了喜悅與生命的意義。隨著他的投入，他感受到那股能量又回到他身上。他開始喜歡活著的感覺、生活的各種滋味，他也覺得自己的身體狀況變得愈來愈好了。他一直沒有重回橋牌桌，因為他從未真正享受過打橋牌。於是他的太太邀請妹妹來做新牌友，而巴利則到處去旅行，享受在陽光下騎自行車的樂趣。

當面對生活的挑戰，你感到力不從心時，不妨學習巴利的做法。問問自己，那些事真的是你想做的嗎？那些活動是否為

你帶來快樂？它們是在消耗你的能量，還是增強你的能量？那些經歷是否讓你感受到更深的愛、激發出更豐沛原動力，促使你與周遭的人有更多互動，讓你覺得生命更充實？如果你發現這些問題很難回答，不妨思考一下我分享的另外五個祕訣，讓那些祕訣引導你感受生命動力在體內流動的感覺。然後再回到上述問題，看看情況有沒有任何變化。

當你能夠回答上述問題，你需要做出決定：你想要做什麼事？你打算如何去做？你還想要成為什麼、探索什麼、學習什麼或是發現什麼？

也許改變你的日常生活方式，會有所幫助。尋找生命的節奏，並隨之而動。你可能會注意到，在日常生活中稍做調整，就能為你帶來新觀點，還能讓你意識到，其實你的能量來自於自己，而你從事的活動和你的人際關係，其實能幫助你提升生命動力。留意是否有任何錯誤信念使你傾向於逃避冒險，或使你覺得擁有的還不夠多？那些信念對你有益嗎？你要如何改變觀點，來修正這個情況？

當這麼做時，我們重新融入周遭世界的流動。我們意識到太陽每天升起時，從不擔心自己會耗盡能量，因為太陽本身就是能量的源頭，而這個能量永不枯竭。只要有生命，就有能量。重要的是，我們要將這份能量投資在真正重要的事物上，而決定權就在我們自己手中。

6 步驟擁抱美好人生

1. 首先，想一想你這一生曾把能量投入在哪些活動、人和地方。哪些只是在消耗你的能量？你能把你的能量投資在哪裡，並獲得回報呢？

2. 現在，試著放下你的理性，單純去感受。讓你的思緒遊走在步驟 1 所述的活動、人和地方，但這次，不僅僅去思考，而是去感受。感覺一下，你的能量是自由流動？還是往內縮？你覺得你的生命動力是增加還是減少了？這需要細緻的覺察力，但前面章節的練習應該有助你做好準備，回答這些問題。你最深的智慧告訴你什麼？

3. 根據你在步驟 2 的感覺，有意識的挑選一個能帶給你更多能量的活動、人物或地方。你如何讓更多那樣的活動、人物和地方來到你的生命中？你能更頻繁的從事那個活動、

打電話給那個人，或是在那個地方待更長的時間嗎？找到你能調整的一件小事，然後開始行動。

4. 再想一下步驟 2，想想那些消耗你能量的活動、人和地方。至少找出一項你現在可以立即不再做的事，就像比利不再去打橋牌一樣。挑一樣小事，從這裡開始。你最深的智慧會引導你。放棄這件小事需要付出什麼代價？你能帶著感恩與愛放下它嗎？

5. 接下來，想一想有哪些人事物，會消耗你能量，但你不想或無法將它自生活中剃除？你怎麼改變能量的使用方式？你能改變對那個人的看法、調整在那個地方度過時光的方式，或是改變你投入其中的能量形態嗎？

6. 當你想過上面的問題，甚至做了一些筆記後，張開你的手臂，想像你正在擁抱生命的力量。感覺一下，生命無窮無盡的能量，從你的心和你的指尖流出去。擁抱你生命中所有的喜樂與悲傷、挑戰與學習、勝利與意外，然後，對你得到生命這個禮物，感到開心。你可以在早上一起床或晚上睡覺前做這個練習，允許自己擁抱你周遭所有自由不羈的生命。

結語

現在正是時候

1960 年代初的一個晚上，比爾與我參加一場演講，講題是丈夫陪伴下的自然分娩法。這個概念在當時醫學界幾乎是一大創舉，我興奮的與其他醫生和醫護人員坐在台下，學習這種最新的分娩方法，它把分娩的主導權交回給女性、她們的伴侶與他們選擇的醫護人員。當時我正懷著第六胎，約 38 週。我很幸運，前五胎都是在家自然生產，沒有動用任何介入措施。我也打算用這種方式，生下正在我肚子裡的孩子。

我滿懷愛意的低頭看著肚子裡的寶寶。那一刻，我突然發現情況有點不對勁。

我本能地將雙手放在肚皮上，輕撫我的圓潤肚子。我曾用這雙手協助過無數孕婦，而我當下就確認了我懷疑的事。我腹中這個即將在數週後出生的胎兒，應該頭朝下，屁股朝上才

對，但他現在的方向卻恰恰相反，頭部朝上，正壓在我的肋骨下方。

我曾經多次把還在子宮裡的胎兒轉向，但通常不會在這麼晚的孕期，也從來不是幫我自己做。我知道，胎位不正的寶寶也能健康出生。不過我也知道，胎位不正會使分娩過程變得更複雜。我希望我的孩子能盡快胎位轉正。台上的演講者講個不停，我立刻採取行動，不讓我的關切有機會變成擔心。我採用我平常讓胎兒轉向的做法：我開始對寶寶說話。

「小寶貝，你聽我說，」我在心裡對我的孩子說，我把一個手掌放在他的頭部位置，另一個手掌放在他的臀部位置，「你再過一、兩個星期就要出生了，現在的情況對你和我都不利，但我知道我們一定可以順產，最後的結果一定會很好。但你現在需要轉個方向，我們才會有圓滿結果。當我的子宮開始收縮時，你的頭必須朝下。我們需要你轉向生命。」

與此同時，我也對自己說話。格拉迪絲媽媽很擔心，但格拉迪絲醫師很鎮定。「不用擔心，沒什麼好怕的。事情該怎麼樣，就怎麼樣，如果現在就發生，也發生得正是時候。」

恐懼告訴我們一切都太遲了，說我們做得不夠，不夠好，看得不夠，學得不夠，賺的錢也不夠。它告訴我們落後了，別人已經超前，或者我們已經沒有時間。但愛有自己的時間，生命有自己的時間。我們需要尊重這些時間表。

在生命中的最重要時刻，我們會看見時間的力量。我們在出生、死亡、悲傷和治癒的時候，都會看見時間的力量。

希望你能把書中和你分享的人生功課放在心上。或許你對六個祕訣中的其中一個更有感覺，或許你想了解，每個祕訣如何在你的生活中改變你的觀點。在過程中，你可能會遇到一些常被恐懼觸發的問題：我做這件事是否太遲了？現在已經太晚了嗎？還有一個問題：我已經太老了嗎？現在，我一看到這個問題就想笑。當你活得愈久，就會愈覺得這個問題很好笑。

我的曾孫女麥姬美個性開朗又冒失，一年多前，她過 5 歲生日時，指定要一個公主生日派對，要家人用彩色絲帶和氣球裝飾。她指派工作給家裡每一個人，她的爸爸要負責打掃家裡；兩歲弟弟那天不能去幼兒園，要在家幫她慶生；她的祖母要負責照顧她那剛出生的弟弟；她的媽媽要負責做一個漂亮的蛋糕。那天，當所有人送的生日禮物都拆開了，蛋糕也吃完了，精心策劃的快樂慶生會快要結束時，麥姬美露出了憂傷神色。家人問她怎麼了，她說，「我現在已經 5 歲了，4 歲的日子已經結束，必須長大了。」

她把長大看成一件非常嚴肅的大事。隔天早上，吃早餐時，她爸爸把果醬遞給她，讓她塗抹在麵包上，她說，「你的慷慨令我感到很榮幸。」從來沒有人教她說這個句子，或要她這麼說話。這是她為長大這件事所做的調整，這是她進入 5 歲

人生的方式。

我想，許多人也用這種方式看待生命與變老，把流逝的每一年視為警鐘，宣告玩樂的日子已經結束，是時候長大並認真過日子了。抑或我們到了某個年齡或人生階段後，開始覺得自己已經停止成長、受過的傷不可能痊癒，或是我們永遠也改變不了。青春有個有趣的特點，似乎總是不斷的遠離我們。就連5歲的麥姬美都覺得自己老了！但我們永遠都能成長，治癒也從來不是不可能的事。任何時刻都是改變的好時機。

因此，當患者來找我，說自己已經太老了，我都會告訴他，事實絕非如此。我說，「年紀再大都不算太老。」我想，以我的年紀，我應該有資格講這種話。

人類對於年紀這個概念似乎有一種誤解。我們知道自己總有一天會死，從這個觀點來看，我們每過一天，就又邁向終點一步。不過，隨著年紀漸長，我們慢慢會發現，認為某人「已經太老」，以致不能再做某件事的想法，其實非常荒謬，甚至很可笑，就像可愛的麥姬美正經八百的認為，過了5歲就代表她必須長大了。

你還記得你是在什麼時候意識到自己的年紀嗎？對大多數人來說，那是很久以前的事了。你還記得，你第一次覺得自己「已經太老」，沒辦法學習樂器、回到學校、轉換職業，或者改變一段關係，是什麼時候的事？

現在回想起來，你覺得自己那時真的「已經太老」嗎？如果不是，你為何覺得自己現在「已經太老」呢？

在照顧懷孕婦女並參與她們分娩的過程中，我遇過許多女性，她們被告知自己已經太老，無法懷孕了。其中一位女性是我在醫學院的同事。她曾經流產過五次，在 50 歲過後懷孕，後來生下一個體重 4,500 公克的健康男嬰。這樣的例子我看太多了，以致不再認為那是奇蹟。事實上，我們家族有個傳說，一位姨婆在 60 歲時生了一個孩子，62 歲時又生了一個！我把它視為宇宙的又一個奧祕。

我並不是說，任何女性都能在某個年紀之後生小孩或是任何女性都可以生小孩。生育的奧祕不是我們能理解的。我們無法掌控這樣的事情，只能帶著盼望與感恩的心，臣服於這奧祕，然後順其自然。

讓難以理解的事成為可能的原因之一，是我們相信自己不是無所不知，有些比我們更崇高偉大的事是無法解釋的。我認為，在年紀增長的過程中，對世事保持好奇並感到驚奇，是無比重要的事。這可以讓我們保持年輕，抱持「我們永遠不知道接下來會發生什麼事」的心態，對我們的靈魂有益。

如果我們把自己「已經太老」的認知翻轉過來，會怎麼樣？不再認為自己虛度這一生，感嘆一直沒去做想做的事，而是認為，生命的每個時期都是年輕且及時的，那會如何？

我經常開玩笑說，我一直把我的時間表告訴神，但祂並沒有聽進去。這個宇宙無從理解我的時間表，如同我無從理解神的時間表。時間就是這麼一回事。

　　我看過許多孕婦在我面前，指著自己腫脹的腳踝和圓滾滾的大肚子說，「我現在就要卸貨！就是現在！」我只是淡淡的回答：「寶寶準備好的時候自然會出來。我跟你保證。」

　　事實是，雖然有時候我們必須在寶寶準備好之前就讓他出來，但這通常未必對他最好。寶寶在準備好之前，需要待在媽媽的肚子裡，雖然我們不知道他是在做什麼樣的準備。

　　在現今的世界，人們非常注重「顯化」（manifesting）。我們最關注的是夢想實現的那一刻，當我們寫的書出版、買了一棟房子或是得到獎項。但這只是事情正在發生的一個面向。

　　在宇宙深處充滿能量的神祕世界，我們最終將顯現的事物在當中孕育。我們累積寫進書中的經歷，努力工作、儲蓄來買房，不斷學習並取得成果，啟發他人，最後獲頒獎項，受到肯定。我把這個過程稱為「醞釀」（femifesting），發生在子宮裡，也貫穿我們的一生。我們不斷累積、準備、學習。轉向生命很重要的部分是擁抱醞釀的過程，即使在我們還不了解它的時候。

　　有時，我們已準備好，但某人、某事，甚至是這個世界還在醞釀當中，尚未準備好接受我們所願意給出去的東西。

貝拉姑姑後來決定離開印度，回美國定居。她去教會參加禮拜，在那裡認識了一位牧師，名叫艾德。艾德的妻子不久前剛去世。我覺得貝拉姑姑當時完全沒想到結婚的事，她早就過了適婚年齡，而且不曾對任何異性產生興趣。但她與艾德陷入愛河，一個月後，他們舉行一場充滿喜樂的婚禮，展開人生的新篇章。他們兩人在最佳時機相遇。如果早一點相識，艾德的身分是有婦之夫，而貝拉的心還定不下來，也不可能想要在紐約市郊定居。

　　我聽說，這種情況在熱帶國家被稱作「椰子成熟時」（coconut time）。椰子成熟後，自然會掉落，我們無法預先知道，如果我們一心想要找出答案，肯定會浪費許多生命動力。有時，我們不明白為什麼要等這麼久椰子才掉下來。但那不關我們的事，太執著對我們沒有任何益處。生命一直在流動，是否要跟著生命前進，取決於我們。

　　我的父親曾告訴我們一個故事，可充分說明這個觀點。有一天，有人請他和好友哈利・狄恩（Harry Dean）一起去獵殺一隻鱷魚。有時，當地人會來找他們去除所謂的「食人獸」，牠們因為太老，動作變慢，獵捕不到其他動物，於是開始吃人，因為人類的動作不像其他動物那麼迅速。那些動物會悄悄靠近村莊，有時會把一家人一個個吃掉。當地人都知道，哈利和我父親非常勇敢、身體強壯、槍法很準，他們會用最快速、

人道的方式殺死那些動物。

哈利和我父親後來成功獵殺了那隻鱷魚，並開始處理牠的屍體，打算善加利用。他們在鱷魚的胃裡找到許多珠寶，他們感到驚恐，也覺得鬆了口氣，那代表他們沒有殺錯鱷魚：這隻鱷魚至少吃掉了一位有錢的女士。但他們在鱷魚的胃裡還看到另一個東西：一隻烏龜。牠的殼已經因為胃酸變成了白色。他們看到這個現象，都覺得很神奇。

接下來，更令人驚奇的事發生了，這隻烏龜動了起來。牠的頭和四肢慢慢地從龜殼裡伸出來，然後緩緩地移動離開。

在我小的時候，父親常說這個故事給我們聽。他發誓，那是真的，不是他編出來的。他興奮的說：「從這隻烏龜的視角想像一下！牠絕對沒想到自己能得救！當一切看起來黯淡無光，你想要放棄的時候，想一想那隻烏龜，再堅持一會兒。」

我們在兒時就學會再堅持一下。當我經歷人生中的黑暗時刻，感覺自己就像是在鱷魚的肚子裡，面對一片漆黑，我經常會想起那隻烏龜。當宇宙的時間表是我完全無法理解的時候，我也會想起牠。每件事都有它的時間，我們無需強求去理解。療癒也有自己的時間；時間通常是促成療癒的神祕關鍵。

有時候，當我們希望事情能加快進展，其實事情正在按部就班地進行。如果我們不那麼急於讓一切加速，或許在事情醞釀過程中，會更容易順其自然地接受和享受。

明白這個道理，能為我們打開新的可能，這或許是我們從沒想過的。如果花的時間愈長，就會變得愈好，這意味著什麼？如果我們不再追逐青春與流逝的時光，而是接納生命轉變的過程，讓生命愈活愈美好，那會怎樣？

　　思考一下這個顛覆性的概念：對迷戀青春的文化展開逆向思考；隨著身體的老化，我們其實會變得更好。事實應該就是如此！

　　從這個觀點來看，變老的重點不再是失去某些能力或能力變差，而是變得更有能力去接納自己本來該有的樣子。每過一年，我們就與自己的使命連結得更緊密些。

　　後來，我再次有機會學習這項人生功課。我在 93 歲時，找到了自己的聲音。有一天，我夢見自己回到了童年。在一個陽光明媚的星期天，我輕快地在草地上奔跑著，唱著一首與信仰無關的歌。在我家，這樣的行為是會被責備的，因此我很擔心會挨罵。但就在這時，耶穌出現了，臉上掛著溫暖的笑容。他鼓勵我繼續唱歌。然後，我就醒了。

　　我成為醫生、醫學界領袖已經數十年，也當了母親、祖母和曾祖母。我一直在使用我的聲音，治療患者、在會議上演講、唱搖籃曲。然而，我從未學會相信自己的聲音，也沒有學會信任自己對於已知真理的直覺：在這個夢裡，只要是開心的唱歌，唱歌永遠是一件好事！儘管我已在這個世上活了九十多

年，但我還是懷疑，我傳達的訊息夠不夠好，或是我有沒有能力合宜的把我的訊息表達出來。

假如我沒有做那個夢，並找到我的聲音，我現在或許不會寫這本書。我花了這麼長的時間，才來到這個時刻。

我的父親肯定不知道他生命的最後幾年會怎麼過。母親剛過世時，我們都很擔心他的狀況。幾十年來，他們不只是夫妻，還是同事、朋友和知心摯友。他們過了不平凡的一生，而這可能使我父親對於其他選擇平凡過一生的人，難以產生共鳴。我不希望他過著寂寞的日子。

但我父親做了一件跌破眾人眼鏡的事。他先是和我嫂嫂的母親成為朋友（我們稱呼她「丹妮兒媽媽」），然後他突然宣布，他們兩人要結婚了。我們全家人都非常開心。我的姪子當時在讀醫學院，必須向教授請假，以便參加婚禮，於是他對教授說，他要去參加祖父母的婚禮。結果教授說，「他們等了這麼久才結婚嗎？」

我父母在一起時過得很快樂，但也有很多工作要做。他們是宣教士，有使命要完成。丹妮兒媽媽的第一段婚姻也差不多，夫妻的關係緊密、穩固、堅定。但我父親和丹妮兒媽媽決定要擁有另一種婚姻。他們仍然是伴侶，但把重點放在享受人生的樂趣，不再辛苦的工作。他們兩人都覺得，自己這輩子從來沒玩過。在父親人生的最後兩年，丹妮兒媽媽編織，他玩西

洋棋。他們單純的一起享受人生。

當我父親得知所剩日子不多時，他對丹妮兒媽媽說，他想要跟我母親葬在一起，而丹妮兒媽媽能夠理解並接納他的想法。於是他們飛到亞利桑那州，他住進醫院，直到離世。當父親處於彌留階段時，丹妮兒媽媽一直唱著詩歌，陪在他身邊。他雖然已經沒有力氣唱歌，但嘴巴還是跟著動。那天在我們開車回家的路上，丹妮兒媽媽和我談到，在天國的人們一定是唱著「哈利路亞！」迎接我父親加入。丹妮兒媽媽的氣度讓我們很驚訝，她竟然願意放手，讓母親在另一個國度迎接父親回家。對父親來說，他與母親過了幸福的一生，而有丹妮兒媽媽陪伴的日子，就像是蛋糕上甜美的糖霜花朵。

我可以很開心的告訴你，我最近幾年的人生非常精采。家族成員變得更多了，我也更了解我自己了，而且我的人生還沒過完。事實上，我每天早晨起床時，腦海浮現的第一個想法從來沒有改變：「我今天要學些什麼？」

學習有助我們開拓生命的意義與價值，幫助我們探尋如何把餘生過值得。

要探尋接下來該追求的目標，方法之一是做十年計畫。為何是十年？如果以一生為單位，會不知從何下手。同樣的，如果聚焦在太短的時間範圍，又會覺得綁手綁腳，沒有發揮的空間。你現在就能做計畫，方法很簡單：拿出紙和筆，寫下未來

十年想做的事。

　　十年計畫有足夠的空間，容得下任何事物，可以確保你有充足的醞釀與顯化的時間。十年的目標夠遠，足以讓我們啟動生命動力，但同時夠近，讓我們能夠達成目標，即使跌倒也能爬起來，重新規劃。

　　我現在的十年計畫包括實現長久以來的一個夢想。從1970 年代開始，我一直想建立一個活的醫學村，人們可以來到這裡，實踐有益健康的生活方式，充滿活力的活著。它不只是個療癒的地方，還是個真正的社群，人的身體被視為聖殿（這是身體的本質）。村子裡的人不會與生命為敵，而是愛上生命。在這個村子裡，我們會一起探尋生命。

　　當你做十年計畫時，我鼓勵你設定明確的目標，但同時要保留大量空間給我們無法理解的事。因為我們永遠不知道，世上的事何時會突然改變，某個執拗的東西，何時會忽然讓出位置給新的事物。

　　我們永遠無法預知，何時會意外地發現自己自然痊癒。我們不知道何時能開始寬恕他人，或是何時我們的夢境會自己揭露其神祕面紗。

　　我們唯一確知的是，有些事正在發生，而我們是不可或缺的一部分。

　　回到那場自然分娩的演講，我一直在心裡默默跟我的孩子

說話，而比爾安靜的坐在旁邊。當我把雙手放在肚子上方和下方時，他不知道發生了什麼事。當我覺得時候到了，我開始輕輕的在寶寶的臀部位置施力。在這個過程中，我一直在心裡教導他該做什麼。

「小寶貝，聽我說。我能引導你，但我無法靠自己一個人辦到。你現在必須動一動。把你的小屁股移到上面來！把你的頭移到下面去。現在是面對生命時候了！」

突然間，我感覺到他放鬆了，然後在一瞬間，在我的子宮裡轉向，就像跳出水面翻了身的魚。半秒鐘後，他安頓了下來，頭朝下，屁股朝上。我的身體重新適應他的新胎位，然後我向後靠在椅背上，心滿意足的微笑。兩週後，寶寶出生。他被充滿了愛的家人圍繞，我迎接兒子大衛來到這個神奇美好的世界。

我衷心盼望，你能對書中文字產生共鳴，即使現在沒有，也許將來的某一天你會有所體會。這些是我在過去 102 年中學到的人生功課，也是我送你的禮物，希望你能開心的收下。

就像我幫兒子轉向一樣，透過本書，希望也能幫你轉向生命。這是個持續過程。我們必須一次次練習，在練習過程中，我們徹底翻轉原有的認知，從認為「我們在生命裡面」，轉而相信「生命在我們裡面」。

或許你現在與生命的連結有一點不順利，或許你正在現實

世界裡苦苦掙扎，又或許你和大多數人一樣，處於兩者之間，正在經歷人生的起伏跌宕，希望讓每段經歷都有意義。無論你身處何種境遇，現在轉向你內在的生命力量，還為時不晚。

　　無論你是從來不知道或已經忘記了，我向你保證，生命動力一直都在，透過你的身體和靈魂不斷湧動，等待著。

謝詞

這本書快寫完的時候，我做了一個夢。

我參加一場頒獎盛會，要接受某個獎項。與會者圍著圓桌而坐，台上有人正在頒獎。我的桌子位於會場最後面的位置。台上頒獎人介紹我出場，請我上台領獎。我站起來，全場的人都轉過頭來注視著我，並開始鼓掌。

在那一刻我突然發現，我穿了一件長禮服，禮服背後有鈕釦從頸部一直延伸到腰部，但那排鈕釦全都沒扣上。

我非常驚慌，我要怎麼在這種情況下，從會場最後面走到台前？我的手搆不到那些鈕釦，就算搆到，也沒有時間把所有釦子扣好。所有人都看著我，等著我上台去領獎。

然而，信念呼喚著我，盼望向我招手，我內心深處某個超越我個人的真實力量，迫使我邁步向舞台走去。於是我照做了。當我開步向前走，我驚訝的發現，背後有人在幫我扣釦子。我又向前走了幾步，發現有另一個人伸出手來幫我扣另一個釦子。

在眾人掌聲中，我不斷向前走，經過的每個人都伸出手幫我扣一個釦子。當我走到舞台時，背後鈕釦全都扣好了。我鬆

了一口氣，心裡充滿感恩。我知道，現在我能夠完成到這個會場要做的事了：走上舞台，說一些話，向大家微笑，然後接受贏得的獎項。

不過，就像這個夢境告訴我的，我無法靠自己一個人辦到。或許沒有任何人能靠自己辦到。或許我們最偉大成就，是要靠眾人同心協力一起來完成。至少我的人生一路走來，的確是這樣發展的。這不是很美好的事嗎？

接下來，我要向每位幫我扣上鈕釦的人，致上最深的謝意，因為有他們，我才能完成這本書。透過他們每個人，我才能把這個理解呈現給這個世界。唯有透過他們的幫助，本書才能順利誕生。

謝謝我的父母，你們教我明白無條件的愛是什麼，也教導我明白，愛在醫治中扮演的神聖角色是什麼。能與三個很棒的兄弟（約翰、卡爾和高登）以及摯愛的姊姊（瑪格麗特）一起成長，我心懷感激，瑪格麗特一直是我最知心的朋友。謝謝阿亞和她的丈夫達爾，達爾用洗碗盆在柴火上為我們烤生日蛋糕，並教我愛上咖哩。謝謝村子裡所有的居民與孩童，以及曾在野地醫療營幫忙的每個人，你們讓我明白，質樸的生活可以是美好的生活。謝謝貝拉姑姑向我示範，如何在人生中挺過困難並保有信念。謝謝哈利向我展示我一直很敬佩的冒險精神。謝謝麥格姬女士教我識字，甚至在我的青少年與青年階段，一

路鼓勵著我。你們為我打造了美好的童年，為我的美好人生鋪了一條康莊大道。

還有我在大學時最要好的同學、歌聲像天使一樣美的庫士納（Jadwiga Kushner），以及來自法國的大學室友夏維爾（Jacqui Chavalle），你的國際人生視野使我不再那麼孤單。感謝阿姨露露、克拉拉和莉迪亞，以及辛辛納提的席爾一家人，當我和瑪格麗特離鄉背井、到外地讀大學時，你們一直支持著我們。我也很感謝赫佩夫婦（Albert and Louise Hjerpe），若不是因為你們，我不會有機會遇見比爾，謝謝你們在我們的婚姻中，成為很棒的阿姨和叔叔。

我將永遠感謝除了阿亞之外最棒的管家肯恩太太，你是我在韋爾斯維爾最大的救星，你德式的整理家務觀念、烘焙手藝與嚴格的子女教養方式，幫助我撐過人生中最忙碌的一段時光。謝謝我的小叔和小嬸約翰與艾瑪成為我的好朋友。你們開的餐廳很棒，但對我的孩子來說，他們最愛的部分是餐廳裡的那台電視。還有你們的兒子約翰，他在私下和工作上都幫了我們很大的忙。感謝另外一對小叔和小嬸，鮑伯中校與他的太太珍，在我有需要的時候，總是在我身旁。我也要感謝我在韋爾斯維爾的同事，比爾與伊蒂絲·基爾摩（Bill and Edith Gilmore）醫師，陪伴我度過人生中非常難熬的日子。

巴布寇克夫婦（Lester and Billie Babcoke）在我們遷居到

亞利桑那州後成為我們的朋友，並把我介紹給凱西（Edgar Cayce）。我到現在一直非常感謝凱西，他的教導深深影響了我的人生哲學。我與他的兒子休伊也成了好朋友，這一點令我引以為豪並心懷感恩。我也感謝休伊的兒子查爾斯與托德斯基（Kevin Todeschi）把休伊的工作成果保存得很好。感謝瑞德夫婦（Peter and Alice Riddle）加入我們的大家庭。我多年來在「研究與啟蒙協會」（Association for Research and Enlightenment，簡稱 ARM）辦的「尋找神」（Search For God）讀書會的成員，也成了我的終身好友。感謝在加州赫米特與比爾和我一同創立 AHMA 的希利醫師（Norman Shealy）、盧米斯醫師（Evarts Loomis）與盧尼醫師（Gerald Looney），以及數十年來參與 AHMA 的人。感謝協助成立「超心理學與醫學學院」（Academy of Parapsychology and Medicine）並協調和參與會議即其他活動的所有人。我無法列出所有人的名字，但我非常感謝和一起同推動整合醫學這個新領域的所有相關從業者。

ARM 診所觸及了無數人的生命，許多人來此學習，並把學到的東西與其他人分享，把這些知識傳播到全世界。我衷心感謝曾來到 ARM 診所的醫師、技術員、護士、治療師、職員、患者、義工，以及提供財務支持的人。

感謝我的哥哥卡爾與他的「未來世代」，給我機會參與國際性的工作。也感謝多年來在世界各地曾經接觸、教導、影響

與愛我的人。

佩吉（Grace Page）始終如一的擔任我的義務祕書長達四十年，她以堅定不移的忠心，致力於幫助我實現我的願景，我想傳送一個擁抱給已經入土為安的佩吉。

感謝所有協助成立斯科茲代爾整合醫學團體（Scottsdale Holistic Medical Group）的相關人士，尤其是 George Andres、Reni Simon、Joe Kalish，謝謝你們幫助我們在兩週內就成立並開始運作。謝謝我的女兒赫蓮娜，她是這個療癒中心的靈魂核心人物。我心中的感激無法言喻。我也衷心感謝所有曾經在那裡工作或接受治療的人們。

感謝協助成立貝絲・泰勒基金會（Beth Taylor Foundation）的人，這個基金會後來更名為格拉迪絲・泰勒・麥加莉醫學基金會」Gladys Taylor McGarey Medical Foundation），現在稱為「活的醫學基金會」（Living Medicine Foundation）。感謝曾經在這個美好的組織擔任董事的所有人，尤其是 Bobbie Woolf、Jerome Landau、Fern Stewart Welsh、Barbara Heinemann、Rose Winters，若沒有這些人的帶領，這個基金會將無法擁有今日的成就。

感謝那些用音樂天分祝福我們的人，我要向你們鞠躬致敬，尤其是 Joyce Buekers、Steve Halpern、Steve McCarty。

感謝那些目光超越現在、並給我各方面支持的人，包

括在情感、實際、實效、靈性與財務方面的支持，尤其是 Ann McCombs、Dianne Schumacher、Mary Ann Weiss、Frances Tesner）若沒有你們，我什麼也做不成。

感謝浩瑟醫師（Katey Hauser）幫助我透過 IG，讓我的訊息能夠觸及其他人。感謝馬歇爾（John Marshall）數十年來為我按摩身體，幫助我放鬆。感謝所有向我學習並把我學到的東西散播到全世界的醫療從業人員：若沒有你們的努力，我的努力將毫無價值。

感謝所有年復一年帶領與參與各種會議的人，包括康瑟爾格羅夫和研究與啟蒙協會診所座談會、超心理學與醫學學院會議、在阿西洛馬舉辦的研究與啟蒙協會會議、AIHM 座談會、治療性接觸護士團體座談會等等—我從這些會議學到了很多，我希望其他人也是如此。

感謝我在斯科茲代爾的朋友，我非常重視你們給我的愛：Mantosh Devji、Doris Solbrig、Rita Davenport、James McCready、Mimi Guineri、Marlene Summers、Linda Landau、Lindsey Wagner、Dianne Ladd。還有我沒有提到的所有人，謝謝你們。

我很珍惜我與比爾的婚姻，我從來不後悔。我非常感恩我們在一起的那些年，我同樣感恩在我們分開之後所享受的自由。我們在一起的時光在我的人生中無比重要，也在許多其他

人的人生中占有一席之地；它是更大整體的一部分。

那個更大的整體包括我們一起創造的家庭。在 102 歲生日那天早上，我一醒來就聽見我的孩子在樓下說話的聲音，我不禁心想，「我已經死了，並進入天堂了嗎？」但我知道我還活著，而那些已經 70 多歲的人全是我的孩子。我很感謝我的六個孩子與他們的伴侶：威廉「卡爾」醫師與蒂蒂、神學博士約翰牧師與神學博士芭比牧師、安娜莉亞、羅伯特與尼爾森（Lia Nelson）、赫蓮娜醫師與李吉達奇斯（Nick Ligidakis），以及大衛醫師與李伊醫師。感謝我的孫子：Gabriel Taylor、Julia McGarey、Timothy McGarey、Dr. Martha McGarey、Dr. Daniel Wechsler、Dr. Andrew Wechsler、Dr. Hannah Rabinovich、Jessica McGeverly、David McGarey。我每天還在向我的十二個曾孫（人數還在增加中！）學習，以及開始加入我們家族的玄孫。

若不是我的經紀人亞伯蘭斯（Douglas Abrams）從一開始就相信我的能力，並積極鼓勵我寫書，這本書就不會誕生。我很感謝他，還有 Rachel Neumann、Sarah Rainone 以及 Idea Architects 經紀公司的每個人。感謝崔恩（Jennifer Chan Tren）幫我的書在 Atria 找到家。韋甘德（Esme Schwall Weigand）早期的訪談與草稿幫助我釐清我的寫作方向。感謝我在 Atria 的編輯穆利根（Michelle Herrera）願意冒險，將這本書的形式大翻身，把一切變得更好。感謝萊特（Sarah Wright）的文采與

安德森（Lynn Anderson）的細心。特別要感謝我的兒子約翰幫我安排一切。感謝里多（Kathryn Chandika Liedel）看見了我的靈魂，並把我的話語化為文字。

感謝我生命中所有的挑戰，你們是我的老師。感謝我生命中所有的美好時刻，你們給我原動力，使我能面對挑戰：謝謝你們。我相信未來還有更多美好的時刻即將來到。

國家圖書館出版品預行編目（CIP）資料

人間值得／格拉迪絲·麥加莉(Gladys McGarey)著；廖
建容譯.-- 第一版. -- 臺北市：天下雜誌股份有限公司，
2024.04
　面；14.8×21公分. --（心靈成長；109）
譯自：The Well-Lived Life : a 102-Year-Old Doctor's Six
Secrets to Health and Happiness at Every Age
ISBN 978-626-7468-04-3（平裝）

1.CST: 自我實現　2.CST: 心身醫學

177.2　　　　　　　　　　　　　113003975

心靈成長 109

人間值得
The Well-Lived Life:
A 102-Year-Old Doctor's Six Secrets to Health and Happiness at Every Age

作　　者／格拉迪絲‧麥加莉 Gladys McGarey
譯　　者／廖建容
封面設計／Javick工作室
內頁排版／邱介惠
責任編輯／張奕芬
特約校對／魏秋綢

天下雜誌群創辦人／殷允芃
天下雜誌董事長／吳迎春
出版部總編輯／吳韻儀
出 版 者／天下雜誌股份有限公司
地　　址／台北市 104 南京東路二段 139 號 11 樓
讀者服務／（02）2662-0332　傳真／（02）2662-6048
天下雜誌GROUP網址／http://www.cw.com.tw
劃撥帳號／01895001天下雜誌股份有限公司
法律顧問／台英國際商務法律事務所‧羅明通律師
製版印刷／中原造像股份有限公司
總 經 銷／大和圖書有限公司　電話／（02）8990-2588
出版日期／2024 年 4 月 30 日第一版第一次印行
定　　價／460 元

書　號：BCCG0109P
ISBN：978-626-7468-04-3

直營門市書香花園　地址／台北市建國北路二段6巷11號　電話／02-2506-1635
天下網路書店　shop.cwbook.com.tw　電話／02-2662-0332　傳真／02-2662-6048
本書如有缺頁、破損、裝訂錯誤，請寄回本公司調換